제주, 그대로가 아름다워

제주, 그대로가 아름다워

이 책의 내용은 주위에 적극적으로 알리고, 공유하는데 법적인 문제가 없습니다.

제주제2공항 건설에 맞선
피해지역 주민들과 새 이야기

제주, 그대로가 아름다워

멈춰야 한다, 이 섬이 살려면

천혜의 아름다운 섬 제주가 흔들린다.
해안선에서 중산간까지 난개발로 몸살을 앓고 있다.
우리에게 더욱 시급한것은
성산의 초록, 오름의 새소리, 제주의 푸른바다를
지키는 일이다.
멈춰야한다. 이섬이 살려면.

제주에서

아름다운 제주를 위한 아름다운 투쟁

'제주제2공항에 맞선 피해지역 주민들의 투쟁기'인 「제주, 그대로가 아름다워」의 추천사를 의뢰받고, 보내주신 책을 읽으며 저도 모르게 눈물이 흘렀습니다. 2015년 기습적인 제주제2공항 건설계획과 예정지 발표로 대대로 살아온 삶의 터전에서 갑작스레 쫓겨날 운명에 처한 이들의 7년 동안의 힘겨운 투쟁과 아픔을 확인하며 감사함과 더불어 왠지 모를 미안함이 밀려왔기 때문입니다.

미리 제2공항을 건설하겠다고 발표해 놓고, 나중에 사업의 이해관계자가 포함된 용역진에 의해 환경영향평가를 요식적으로 실시하는 부당함. 합리적인 근거도 없이 2045년에 4,549만 명의 항공 수요를 예측하면서, 매년 제주 인구의 60배가 넘는 사람들이 두 개의 공항으로 밀려 들어와 쓰레기와 폐수를 쏟아낼 때, 제주의 생태계가 지속될 수 있는지는 묻지도 따지지도 않는 무지함. 삼무 정신을 자랑하는 제주가 전국 범죄율 1위라는 오명을 쓰고 있음에도 제주를 먹고 마시고 즐기는 관광지로만 여기는 천박함. 전 세계적인 환경오염과 기후재앙의 위기 속에서 국제사회가 세계적 보물로 보존해야 한다고 인정한 가치를 파괴하려는 때와 장소를 구분하지 못하는 무분별함. 힘겨운 삶을 살아왔던 제주민들이 제주가 지닌 천혜의 자연환경에 기대어 이제 좀 허리 펴고 살아보려는 때에 삶의 버팀목인 자연의 아름다움 그 자체를 뿌리 뽑으려는 몰지각함. 오랜 토론 끝에 찬성 측과 반대 측이 합의하여 진행한 도민여론 조사에서 도민이 제2공항을 반대하고 있음이 밝혀졌음에도 이에 승복하지 않는 파렴치함. 제2공항 건설계획이 두 차례나 환경부에 의해 반려되었음에도 보완내용을 제주도민과 제주도에 숨긴 채 다시 추진하는 얍삽함. 이 모든 불의와 부정과 비상식이 마치 쓰레기와 폐수로 뒤섞여 푸른 하늘, 푸른 숲, 푸른 바다의 터전 위에 무도(無盜), 무걸(無乞), 무대문(無大門)의 삼무 정신을 살아온 제주인 위에 쏟아져 내리는 것 같습니다. 그 쓰레기와 폐수 같은 욕망의 분출에 맞서 각자의 자리에서 끝까지 포기하지 않고 바다의 소금처럼 부패를 막고, 어둠 속의 빛처럼 무지를 밝히며 성산을 그리고 제주를 지키려 했던 이들의 소중한 여정들을 이 책은 담고 있습니다.

「제주, 그대로가 아름다워」는 또한 제주를 터전으로 그리고 쉼터로 살아가는 아름다운 새들을 보여줍니다. 귀를 찢는 굉음을 내며 억지스럽게 하늘은 나는 비행기보다 소리 없이 자유롭게 하늘을 날다가 나뭇가지에 사뿐히 내려앉는 새들의 모습은 경탄에 경탄을 자아냅니다. 책 속에 담긴 새들의 모습은 수만 년 동안 자연 속에서 신의 섭리로 창조된 아름답고 고귀한 자태를 뽐내고 있습니다. 성산항에서 만나는 갈매기 떼, 일출봉의 가마우지, 우도 들판과 교래 마을 전선 위에서 만나는 수많은 까마귀 떼, 오조 포구의 왜가리, 지미봉 위의 검독수리 등 성산 일대를 터전으로 그리고 쉼터로 살아가는 1백여 종의 수천 마리 새들은 우리가 터를 잡기 전에 이미 성산과 제주의 주인들이었습니다. 「제주, 그대로가 아름다워」는 제주에서 가장 많은 텃새와 철새가 오가는 새들의 국제공항에 인간의 공항을 세우는 일은 참혹한 참사를 불러올 것임을 예언하고 있습니다. 새들은 그들의 터전과 쉼터를 지킬 것이고 늘 그렇게 자유롭게 날아다닐 것입니다. 국토부와 환경부는 「제주, 그대로가 아름다워」의 이 분명한 예언을 두려운 마음으로 받아들여야 합니다. 자신들의 선택이 어떤 결과를 가져오게 될지 예측하면서도 무리하게 공항 건설을 추진한다면 그 결과에 대한 참혹한 책임에서 영원히 벗어나지 못할 것이기 때문입니다.

 당장 눈앞에서 알랑대는 거짓 미끼에 현혹되어, 그것을 덥석 무는 이들은 일시적인 것을 탐하여 영원한 것을 잃게 됩니다. 동북아 분쟁의 중심에 끼어들어 적의 미사일 공격 대상이 된 강정 해군기지를 크루즈가 드나드는 '민군복합미항'이라는 곧 사라질 떡밥으로 둘러싼 미끼로 기만하였던 강정의 교훈을 잊어서는 안 됩니다. 섬이 감당할 수 없는 사람들이 몰려들면 섬이 간직한 고유한 모습을 잃고 황폐되어 결국 입도객의 수를 제한할 수밖에 없음을 우도의 교훈에서 배워야 합니다.

 거대한 국가의 공권력이라는 바위 앞에 작고 여린 새알처럼 보이는 성산 주민들의 투쟁이 무모한 몸짓처럼 보이지만 언젠가 새가 알을 깨고 나오면 제주민의 바람을 타고 날아올라 도저히 넘을 수 없을 것만 같던 저 금권과 그에 덧씌워진 공권이라는 장벽을 넘어 푸른 하늘로 비상할 것입니다. 생태계의 경이로움 속에 모든 동식물과 형제애를 나누며 더불어 살아가는 삶을 지켜내려는 이들뿐만 아니라, 눈앞의 미끼에 홀려 그 아름다움을 즐기지 못하는 눈먼 이들에게도 이 책을 간곡히 추천합니다.

천주교 제주교구 생태환경위원회 담당
황태종 요셉 신부

우리는 어떤 제주에 살 것인가?

최근에 제주를 방문했던 사람이라면 제주가 빠르게 변화하고 있다는 것을 느꼈을 것이다. 새로운 건물, 새로운 도로, 새로운 간판으로 제주는 매일 달라지는 중이다. 기술 발전으로 건물이 만들어지는 데 반년이 채 걸리지 않았고, 높은 건물들에 가려져 성산일출봉이 사라지는 데에도 몇 년이 걸리지 않았다.

성산에서는 지금도 풍경을 잃고, 건물을 얻고 있다. 우리는 앞으로 무엇을 잃고 무엇을 얻게 될 것인가? 아무리 오래된 터줏대감 같은 나무라 할지라도 베어 내야 도로를 포장할 수가 있고, 하수종말처리장이 넘쳐 오폐수를 그냥 바다에 쏟아버리는 것을 묵인해야 도시 규모를 늘릴 수 있다. 그 잃는 것과 얻는 것의 교환이 바람직한지 숙고해야 하지만, 현재 제주는 개발이익이 주는 달콤함만을 쫓고 있다. 어떤 교환을 할지, 꼭 필요한 개발인지 질문 없이, 그저 대규모 개발이라면 너도나도 유치하겠다 달려드니 말이다. 그 개발의 후유증으로 지역 공동체와 환경이 망가졌을 때 책임은 누가 져야 하는가.

불과 5년 전과 비교해도 제주는 많이 변하고, 잃어왔지만 사람들에게 아직도 안도와 위로를 주는 곳이다. 여전히 많은 사람이 제주를 찾고 있다. 아직 남아있는 제주의 모습은 개발의 방향을 바꾸지 않는다면 언제라도 사라질 것들이다.

지금 우리에게 필요한 것은 새로운 개발이 아니라 새로운 질문이다. 개발을 통해 무엇을 "얻는가"가 아니라, 무엇을 "잃는가?", "얼마나" 큰 이익을 얻는가?가 아니라 "누가" 이익을 가져가고, 누가 그 대가를 지불하는가?

제2공항 예정지인 성산지역 주민으로서 지난 7년간 참 많은 일을 겪었다. 아픔과 어려움도 많았고 좌절과 분노의 순간도 많았다. 제주제2공항 7년간 제주섬에서 어떤 일이 벌어졌는지, 제주도와 국토부가 우리 도민들을 상대로 어떤 일을 했는지, 주민들은 이에 대응해 어떻게 싸워 왔는지 돌아본다.

국책사업에 맞서야 했던 주민들의 7년

1부는 총 다섯 개의 주제로 구성되어 있다. '개발의 그림자'에서는 2015년 제주제2 공항 발표 이후 7년간의 일을 돌아보았다. 돌이켜 보면 그 몇 년 사이에 참 많은 일이 있었다. 대한민국 공권력이 국민에게 이렇게 해도 되나 싶은 일투성이였다.

'세 번의 터닝포인트'에서는 7년 중 세 번의 변곡점을 돌아보았다. '부실 용역 재조사의 강제 종료', '원희룡 제주도의 여론조사 결과 불복', '국토부의 네 번째 환경영향평가 제출'. 이 외에도 참 많은 일이 있었지만, 이 세 가지를 보면 공권력이 자연과 지역 주민을 어떤 태도로 대해 왔는지 알 수 있다.

'백 명의 주민, 백 가지 방식'에서는 제주제2공항 강행 과정에서 지역 주민들이 거대한 국가권력의 횡포에 맞서 어떻게 활동했는지 8명의 사례를 통해 돌아보았다. 국가기관에 비해 물리력과 자본의 힘이 턱없이 부족해도 주민의 힘이 하나하나 모이면 못할 것이 없다는 것을 확인했다.

'성산의 주인'에서는 이제까지 주민들이 조사한 성산의 새들과 맹꽁이, 오름 등 성산의 환경을 정리했다. 몇 년간 조사하고 싸우다 보니 국토부의 환경영향평가가 얼마나 엉터리였는지, 성산의 환경이 얼마나 소중한지 더욱 잘 알게 되었다. 환경이 한번 망가지면 다시 되돌리기가 어렵다는 것을 근래의 기후 위기를 통해 비싼 수업료를 내고 배웠으면서도 제주에서는 아직 부족한 것 같다.

마지막으로 '다섯, 제주의 미래'에서는 현재 제주의 수용 능력과 미래에 대응하는 다양한 자세에 대해 정리했다.

2부에서는 성산의 새 특집으로 새 화보를 담았다. 김예원 씨가 초등학생 시절부터 현재까지 13년간 찍은 성산의 새 사진을 공개한다. 제주의 난개발 이슈를 고발하는 내용과 함께 묶어 공개하는 것이 제2공항 이슈를 세상에 조금이라도 알리는 데 도움이 될 수 있기를 바라며 32종의 법정보호종을 포함한 새 사진들을 담았다.

이 책은 장마철에만 우는 맹꽁이를 겨울잠 자는 시기에 조사해서, '맹꽁이 없음'으로 보고서를 작성하는 전문가, 타 공항 조류 충돌 위험성 조사 에서는 '매우 위험'으로 집계된 새들을 제2공항 예정지에서는 '매우 낮음'으로 둔갑시켜 버리는 해괴한 말장난을 고발한다. 또한 전략환경영향평가서를 분석한 6개 기관 중 5개 기관이 '부정적' 의견을 제출하며 위치를 다시 고려하거나 규모를 축소할 것을 권했지만, 오히려 규모를 키워버리는 국토부의 대범함을 고발한다. 전문가들은 절대 알려주지 않는 제2공항의 절차적 문제들과 성산의 소중한 가치, 환경에 관해 이야기한다.

7년 동안 그래왔듯이 제주제2공항의 문제점에 공감하는 사람들이 조금씩 늘어나고, 무서울 게 없었던 국책사업에 제동이 걸릴 수 있도록 계속 기록하고 알릴 것이다. 제주제2공항과 제주의 난개발에 대해 다시 생각하는 계기가 되었으면 하는 바람을 담아 글을 올린다.

2023. 05

©김수오

차 례

차 례

2부 성산의 새

1장

개발의 그림자

1장 들어가며

'제주' 하면 무엇이 떠오르나요? 푸르른 오름, 혹은 속이 탁 트이는 넓은 바다를 떠올리실 수도 있습니다. 그러나 그것은 이제 제주의 '과거'가 되어가고 있습니다. 오늘도 제주는 공사 중입니다. 나무를 베어 건물을 세우고, 도로를 포장하고 있습니다. 바다를 메워 주차장을 만들고 있습니다.

오늘도 여러분 머릿속에 있던 제주는 조금씩 사라지고 있습니다. 4월 며칠 봄비가 내리는 날을 제주에서는 '고사리장마'라고 부릅니다. 비를 맞고 나면 고사리는 다음날 나가도 어제 꺾은 자리에서 새로 자라납니다. 이때 비를 맞고 난 고사리가 참 신기할 정도로 빨리 자라는데, 어느 날 성산에 호텔들이 그렇게 빨리 생기더군요. 비 온 뒤 고사리처럼 건물들이 들어섰습니다. 성산만의 이야기가 아닙니다. 제주 곳곳에서 다양한 형태로 새로운 건물들이 생겨났습니다. '저렇게 건물들을 마구 짓고 나면 빈방은 어떻게 하려고 하나', 손님을 받지 못해 빈 객실들이 즐비하던 시절의 걱정이었습니다.

그러나 누구도 예상하지 못한 해결 방법을 제시했습니다. '공항을 더 짓자. 관광객을 더 오게 하자'. 2015년, 국토부의 제주제2공항 용역이 발표되었을 때, 제주제2공항 찬성여론이 70%에 달했습니다. 알려진 사실들이 많지 않았습니다. 드러난 문제들 역시 많지 않았습니다. 그 속에서도 지역 주민들은 시민단체 회원들과 함께 국토부와 제주도의 제2공항 강행을 막기 위해 고군분투했습니다. 단식과 한겨울 거리 투쟁으로 '부실 타당성 용역 재조사'를 끌어냈습니다. 타당성 용역 재조사는 몇 가지 의문을 남긴 채 국토부가 서둘러 재조사를 마무리해 버렸고, 여론조사에 드러난 도민의 뜻을 원희룡 전 지사가 불복했습니다. 무슨 일이 있어도 제주제2공항을 추진하겠다는 굳은 의지가 있어 보이는 국토부와 제주도를 상대로 '강행'만은 막아내고자 했던 지역 주민들의 고군분투 투쟁을 '개발의 그림자'에서 소개합니다. 국책사업 발표 후 반려까지 주민들의 좌절과 투쟁을 담고 있습니다.

1. 어쩌다 피해 주민

2015년 11월 10일 국토부는 성산읍 난산, 온평리 일대를 제주제2공항 후보지로 잠정 확정하는 용역 결과를 전격 발표했다. 후보지 발표 전까지 성산보다는 대정읍 신도리가 더 유력하다는 이야기가 있었기 때문에 정부 발표가 예상 밖이었다.

성산읍 주민들의 반응도 크게 엇갈렸다. 직접적인 피해 지역 4개 마을(온평리, 신산리, 난산리, 수산리) 이외의 성산지역 주민들은 개발 이익에 대한 막연한 기대로 사뭇 들뜬 분위기였다. 땅값이 5배에서 10배 이상 오른다는 이야기에 너도나도 환호하는 상황이었다. 한 달 사이에 성산지역 외제차 구입자가 수십 명 늘었다는 황당한 소식들이 피해 마을 주민들의 마음을 더 허전하게 했다.

하루아침에 피해 주민이 된 사람들

하루아침에 평생 가꿔 온 삶터를 잃게 된 피해지역 주민들은 떼 부자가 되었다고 즐거워하는 옆 동네 풍경을 넋 놓고 바라볼 수밖에 없었다. 피해 지역 주민들은 무방비 상태에서 하루아침에 폭탄을 맞은 것 같았다. 사전 협의와 정보가 전혀 없이 기습당한 주민들은 정부의 일방통행, 소통 부재에 망연자실했지만 억울함을 호소할 곳조차 없었다. 기습 발표를 한 이유가 부동산 투기를 막기 위한 고육지책이었다고 국토부는 강변했지만, 피해지역 주민들에게는 전혀 설득과 위로가 되지 않았다. 발표 직전 성산지역의 부동산 매매 건수가 타지역보다 눈에 띄게 많았다는 사실을 나중에 알게 되었다. 그래프를 보면 제주제2공항 입지 발표를 한 2015년 11월 10일까지 5~6개월간 토지거래 수가 가파르게 오르다가 발표 전후로 뚝 떨어진다. 그 당시 제주 지역사회에 제2공항은 대정읍 신도지역으로 결정될 것이라는 소문이 돌았고 대부분의 도민이 이를 믿고 있었던 상황이어서 사전 정보 유출 의혹은 더욱 커졌다. 피해지역 주민에게까지 비밀을 유지했던 핵심 정보인데 어떻게 거래 건수가 급격히 많아진 것인지, 정보를 유출한 사람과 부당 이익을 취한 사람을 반드시 밝히고 책임을 물어야 한다.

제주 전역에 관변단체들의 제주제2공항 환영 현수막이 걸렸다. '침체된 제주지역 경제 때문에 제2공항 설립에 대한 도민 여론조사에 찬성 의견이 70% 정도로 아주 높다'는 언론 기사가 그 당시의 분위기를 보여준다. 피해지역 주민들은 하루아침에 고향을 잃은 것 같은 충격을 받았지만, 분위기 반전이 쉽지 않았다. 많은 사람이 "국가에서 하는 전략사업을 주민들이 막아 내는 것은 불가능하다. 성산 발전의 계기로 삼아야 한

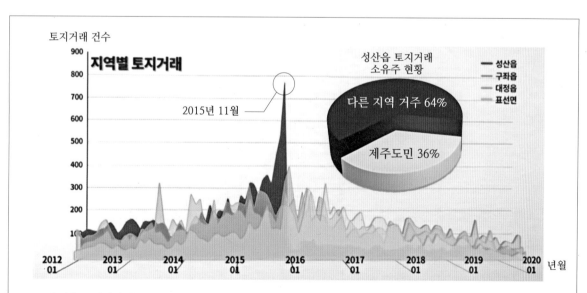

▲연도별 토지거래현황 그래프를 보면 제2공항 부지선정 발표 직전인 2015년 11월까지 성산읍의 거래량이 폭발적으로 증가한 것을 확인 할 수 있다. 성산읍 토지거래 소유주 현황(2015년)을 분석한 데이터에서는 2/3가 서울 등 타지역 거주자로 나타났다.
*출처_KBS제주 개국 70주년 보도특집 다큐멘터리 '2개의 공항? 제주의 갈림길'

다."고 말하며 피해지역 주민들의 사기를 꺾었다.

　제주제2공항 반대운동 첫해는 이렇게 어수선한 수세 국면에서 시작되었다.

국책사업, 어명을 받들라

　성산지역 제2공항 부지선정 발표 후 70%의 도민들이 찬성한다고 알려지자, 처음에는 피해지역 주민들도 우리의 작은 힘으로 과연 막아 낼 수 있을까 하는 두려움이 컸다. 만나는 사람마다 "국가 전략 개발사업은 반대해 봐야 늦출 수는 있어도 결국은 된다"고 말하며 쉽지 않을 것이라고 했고, 대다수가 제2공항의 성산읍 추진을 기정사실로 받아들였다. 계란으로 바위 치기라고 하더라도, 가만히 있을 수 없었던 피해지역 주민들과 제주지역 시민단체 회원들이 직접 조사도 하고, 보고서를 분석하자 숨겨진 진실이 하나둘 드러났다.

　처음 문제가 불거진 것은 용역 결과의 신빙성이었다. 용역 보고서 내 공항 후보지 중 성산읍으로 부지를 확정하는 과정에 치명적인 오류를 발견한 것이다. 다른 부지는 위험점수가 높아지도록 바뀌어 있었고, 성산은 위험점수가 낮아지도록 바뀌어 있었다. 성산으로 입지가 선정되도록 맞춰놓은 것 같은 정황들에 '조작'이라고 주장하자 국토부는 '실수'라고 해명했다. 이는 다음 '세 번의 터닝포인트'에서 자세히 설명하고자 한다.

　2017년 9월 18일 서귀포시 김정문화회관에서 파행으로 끝난 '제2공항 추진 상황 설명회' 건이 있다. 성산읍사무소에서 진행하려던 설명회가 반대 측 주민들의 거센 반대로 인해 열리지 못하자 지역을 옮겨 서귀포 신시가지에서 개최하려 한 것이다. 아무리 성급하게 추진하려고 해도 그렇지, 성산의 최대 현안인 제2공항 설명회를 피해지역 주민들이 참여하기 어려운 곳에서 '해치우려'는 발상이 주민들을 더욱 분노케 했다.

　반대 주민들이 성산읍사무소에서 설명회를 막아설 수밖에 없었던 이유는, 국토부가 설명회 하루 전날 기습적으로 발표했기 때문이었다. 반대 측 주민들의 참석과 대응을 방해하는 것으로 해석할 수 있었다. 주민설명회를 기습적으로 마치고 보여주기식 소통을 사업 추진 발판으로 활용하려는 것으로 보였다.

반대 측 주민들이 국토부 실무자의 진행을 막자, 찬성 측 주민들이 고성을 지르며 "우리는 설명을 듣고 싶은 주민인데 왜 반대 대책위에서 일방적으로 국토부를 돌려보내느냐?"고 항의했다. 찬성하는 주민들과 반대하는 주민들 사이에 삿대질과 고성이 오갔다. 조금 더 격앙되었으면 큰 싸움으로 번질 수도 있는 상황이었다. 이들은 대부분 이웃 동네에서 이제까지 서로 형님, 아우 하며 친분을 유지하던 사이였다. 무엇이 가까웠던 이웃을 이렇게 대립하도록 만들었을까?

찬성, 반대를 막론하고 주민들에게는 큰 잘못이 없다. 번갯불에 콩 볶듯이 무리하게 진행되는 설명회에 반대 측은 반발할 수밖에 없었고, 찬성 측 주민들도 설명을 들을 권리가 있으니 말이다. 그렇다면 이는 누구 책임일까? 의도하지 않았다 해도 이는 행정의 책임이다. 주민들과 미리 조율 하거나 의견을 나누지 않고 하루 전에 알려 기습적으로 처리하려 했다는 것 자체가 일방통행이다. 사전 조율과 준비가 부족했다면 형식적인 주민설명회는 뒤로 미루었어야 했다.

국책사업은 웬만해서 막을 수 없으니 괜히 힘 빼지 말라는 주변의 만류가 생각났다. 어떻게든 추진한다는 것이 이런 방식을 말하는 것이었을까? 비상식적으로, 교묘한 방법을 동원해 강행한다고 생각하니 앞으로가 막막하기도 했지만, 또 한편으로는 쉽게 물러설 수는 없다고 다짐하는 계기가 되었다.

▲제주제2공항 반대집회에 참석한 주민들 ©김수오

선수가 심판까지? 이해당사자 용역진 논란

2015년 11월 처음 국토부가 성산읍 온평리 일대를 후보지로 선정한 용역 결과를 발표했을 때 주민들이 민감한 반응을 보인 이유는 상식을 벗어난 용역진 선정 때문이었다.

최종적으로 성산읍이 공항 부지로 선정되기 전, 4곳의 후보지를 검토하게 되어 있었다. 그중 한 곳은 이미 활용할 수 있는 활주로가 설치되어 있는 대한항공 소유의 정석 비행장이었다. 그런데, 대한항공 산하 한국항공대학교 김병종 교수가 주요 용역 책임자로 선정되어 용역의 전 과정을 주도한 것이다. 대한항공 입장에서는 정석 비행장의 백만여 평 땅이 공항 부지로 수용되는 것보다, 인근 지역에 공항이 들어서서 비행장 부지를 활용하는 것이 훨씬 큰 이익이 될 것이라 예상되었다. 이해 당사자를 용역진에 포함한 것은 공정성의 심각한 문제로 이슈가 되었다. 이는 용역보고서의 신뢰를 무너뜨리는 결과를 낳았다. 이에 대해 항의하는 주민들에게 국토부는 제대로 해명조차 못 했다. 더군다나 정석비행장의 안전도 평가점수가 용역보고서에 잘못 기재되어 있었다. 용역진은 이를 단순 실수라고 주장하지만, 한편에서는 입지 선정 결과에 영향을 미친 중대한 조작이라고 주장했다. 이해당사자가 직접 용역에 참여하고, '조작'일지 '실수'일지 모를 오류들이 발견되었지만, 지역주민들이 할 수 있는 일은 더 이상 없었다. 국토부는 어떤 질문에도 '실수가 있었던 것은 인정하지만, 결과를 뒤엎을 정도의 중대한 하자는 발견되지 않았다'고 앵무새 같은 답변을 되풀이했다.

입지 선정은 안전 점수, 소음 점수, 환경 점수 등을 합산하여 후보지 중 가장 점수가 높은 곳을 선정하는 방식으로 진행되었다. 그 합산 결과 최고점인 성산이 선정된 것인데, 이 점수들에 오류가 발견되었다. '오류가 있는데 어떻게 신뢰할 수 있느냐, 오류들을 수정하여 다시 조사해 봐야 하지 않느냐'고 재차 물었지만 역시 같은 답변이었다.

오류가 있는 부분을 제대로 수정해 합산해 봤더니 최종 순위가 뒤바뀔 만한 결과가 나왔다. 입지 선정 용역에서 입지 순위가 뒤바뀌는 것이 중차대한 오류가 아니면 무엇이 중차대한 오류라는 말일까? 결과를 뒤집을 오류이니 반드시 재조사해야 한다는 강력한 요구에는 "시간을 낭비하는 조사는 하지 않겠다."고 답했다. '어떤 근거'로 결과에 영향을 미치지 않는다고 판단한 건지 제시하라고 요구해 봤지만, '전문가들이 검토했으며 중대한 하자는 없다'는 형식적인 답변만을 되풀이했다. 정정당당하지 못한, 무리한 추진에 더욱 의심스러운 눈초리를 받게 된 것은 국토부가 자초한 일이다. 의혹은 아직도 풀리지 않았다.

국방부에서 나온 공군기지 계획문건

제주제2공항에 '남부 탐색구조부대'라는 이름으로 공군기지를 건설하려는 계획이 담긴 국방부 문건이 나왔다. 국토부와 제주도는 모르는 일이라고 했고, 국방부도 부인했다. 하지만 그 말을 그대로 믿기에는 '남부 탐색구조부대의 총사업비 2,950억 원, 사업 기간은 2021년부터 2025년까지'라는 문서의 계획이 매우 구체적이었다. 원희룡 당시 도지사는 "공군기지를 건설하려 한다면 내가 직접 설득해서 막아 내겠다"고 장담했지만, 미군이 한국 정부나 제주지사가 반대한다고 그냥 돌아설 만한 상대가 아니라는 사실을 모르는 사람이 없을 것이다. 구체적인 문건이 나왔지만 '현재 계획이 없다'는 주장을 믿는다고 하더라도, 언제든지 미국의 필요에 의해 군사 공항으로 전환하는 것을 막을 수 없다. 사업 기간이 제2공항 추진 일정과 비슷한 것도, 제2공항이 필요한 규모보다 크게 잡혀 있는 것(현 제주공항의 1.5배)도, 많은 정황이 공군기지 건설로 향하고 있다.

강정에 해군기지가 들어설 때도, 지역경제가 활성화될 것이라 했다. 마치 우리를 지켜줄 것처럼, 평화의 수호자처럼 포장하며 아름다운 강정마을 구럼비 위로 해군기지를 만들었다. 전쟁 시 우리를 지켜주기 위한 무기라고 홍보했지만 실제로는 전시에 중국과 북한의 우선 타격 대상이 될 가능성이 아주 높은 미군 해군기지가 들어섰다고 보는 사람이 많다. 인근 마을 사람들과 제주 사람들은 강정에 해군이 전투준비를 하고 있으므로 마음에 평화가 깃들게 되었을까? 평화는 무엇이며, 어떻게 지켜지는 것일까?

"제주제2공항, '공군기지' 겸용"...시민사회 강력 반발

제2공항 저지 비상도민회의 "공군기지 활용의혹 사실로"
"문 대통령, 공군기지계획 취소하고 제2공항 백지화해야"

(발췌) 국방부와 공군이 제주도 강정 해군기지에 이어 공군기지 건설을 은밀하게 추진해온 사실이 확인돼 제2공항 논란과 연계해 파장이 확산되고 있는 가운데, 시민사회단체가 6일 공군기지 계획과 함께 제2공항 건설계획을 전면 백지화할 것을 강력 촉구했다.

*출처 : 헤드라인제주 2019.9.6

문건 발견 당시 국방부는 공군기지 계획을 부정했지만, 아무 근거 없이 문건이 만들어졌을 리 없다. 너무나 합리적인 문제 제기였지만 '국책사업 반대꾼'이라는 프레임에 가둬졌고, 문제가 많은 사업이라는 우리의 외침이 공허하게 느껴지기도 했다. 시간이 지날수록 국책사업의 벽이 높게 느껴졌다. 마치 조선시대 어명처럼 궁금해하지도, 의심하지도 말아야 하는 금단의 영역처럼 말이다. 우리는 어떤 시대에 살고 있는 걸까?

2. 반전의 서막

2017년 10월 초만 해도 국책사업의 무게에 눌려 제주제2공항은 어떤 일이 있어도 추진될 것이라는 기류가 대세를 이루고 있었다. 주민들의 반대 목소리는 거센 개발 요구와 제주도의 장밋빛 홍보에 손쉽게 묻혀버렸던 때였다.

그즈음 난산리 주민 김경배 씨의 목숨을 건 단식이 시작되었다. 2017년 10월 10일, 성산읍 반대대책위가 단식투쟁을 선언하고 도청 앞에서 무기한 천막농성을 시작했다. 처음에는 많은 사람이 "저러다 말겠지" 하며 대수롭지 않은 시선을 보냈다. 그날들이 하루, 이틀 쌓이고 20여 일을 훌쩍 넘기자 "저러다 사람 죽겠다"는 우려의 목소리가 나오기 시작했고, 도대체 목숨을 내놓아야 하는 요구가 무엇인지 지역 언론과 도민사회의 관심이 모아졌다.

단식 31일째 강우일 주교(천주교 제주 교구장)가 단식 중인 김경배 씨를 만나, 단식 중단과 병원 치료를 권했다. 그러나 김경배 씨는 "원희룡 제주지사가 태도를 바꾸고 우리 도민 목소리를 듣기 전까지 단식을 멈출 생각이 없다"며 단식을 계속했다. 이날 강 주교는 "국가 공권력이라도 주민 생존권을 함부로 박탈할 권리는 없다"면서 주민 의사를 무시한 제2공항 강행 추진에 반대 뜻을 밝혔다. 지역신문에 기사가 끊임없이 소개되고, 조금씩 도민 여론의 흐름이 바뀌기 시작했다.

결국 제주도가 도민 여론에 백기를 들었다. '제2공항은 필요 없다'는 것이 당시 도민의 여론이라 해석할 수는 없었으나, '상식 안에서 이해당사자와 협의하여 진행하라'는 요구였음이 분명했다. 단식 35일째인 11월 13일, 제주도와 성산읍 반대대책위는 '부실했던 사전 타당성 용역 재조사'를 국토부에 건의하기로 합의했다.

힘겹게 얻어낸 용역 검증 재조사

제주도와 성산읍 반대대책위가 합의한 핵심 내용은 아래와 같다.

1. 제2공항 사전 타당성 용역과 관련해 제기된 부실 의혹을 해소하기 위한 검증 조사
2. 제2공항 기본 계획 용역을 분리하여 추진하도록 국토교통부에 요구

지나고 돌아보니 문제점이 드러난 용역을 재검증하자는 합리적인 요구가 왜 그리 받아들여지기가 어려웠는지 의아하지만, 그 당시엔 불통 제주도가 국토부에 건의해 보겠다고 한발 물러선 것만으로도 많은 것을 이룬 것 같았다.

그러나 국토부가 보란 듯이 제주도에서 건의한 합의 결과를 거부하고 동시 용역을

▲제주도청 앞 시위 모습. 국토부는 죽었다는 메시지를 들고 무릎 꿇은 모습의 김경배 ©김수오

주장하면서 지리한 싸움이 계속되었다. 결국 단식과 천막 농성을 끝내지 못했고, 김경배 씨는 단식을 일주 간 더 이어가다 42일 만에 병원으로 실려 갔다. 단식은 끝났지만, 천막농성은 멈추지 않았다. 그렇게 제주도청 앞에는 365일 자리를 지키는 농성장이 만들어졌다. 물론 국토부는 눈 하나 깜빡하지 않고 타당성 조사 용역을 재발주했다.

단식농성장 300명 공무원이 폭력철거, 오히려 천막 늘고 단식릴레이 이어져

국토부의 일방통행에 김경배 씨는 2018년 12월 또다시 단식농성을 시작했다. 42일 단식을 하고 1년이 지나가던 시점이다. 제주도는 1년 전 단식농성 때와 달리 이번엔 기세등등하고 고압적인 태도를 보였다. 시작부터 공무원들이 대거 몰려와 텐트 치는 것을 방해하더니 수시로 강제 철거 계고장을 내밀며 협박을 서슴지 않았다. 농성 천막 철거 기회를 엿보던 제주도가 차디찬 겨울, 강제 철거를 단행했다. 2019년 1월 7일 이른 아침, 김경배 씨의 두 번째 단식 20일째가 되는 날이었다. 제주도는 300명의 공무원을 동원해 150명의 경찰이 보는 앞에서 수많은 시민의 저지를 뚫고 20일을 굶고 누워있던 김경배 씨의 천막을 철거해버렸다.

이 강제 철거는 누가 봐도 상식 밖의 대응이었다. 역설적으로 이는 부메랑이 되어 제주도에 돌아왔다. 철거 과정이 생생하게 보도되면서 오히려 한겨울 추위를 피하는 마지막 보호막인 천막까지 빼앗아 버린 제주도의 처사에 분노한 도민들이 천막으로 몰려들었다. 두 개뿐이던 천막이 하나, 둘 늘어나더니 무리를 이뤄 천막촌이 만들어졌고, 연일 시민들의 방문이 이어졌다. 대화보다는 힘으로 반대 시위를 누르려 했던 제주도의 폭력적인 행정이 오히려 천막촌을 도민사회의 핵심으로 만든 것이다. 김경배 씨의 단식중에도 시민들의 자발적인 릴레이 단식이 이어졌다. 38일 만에 김경배 씨가 입원한 후에도 엄문희 씨, 최성희 씨, 윤경미 씨가 단식을 계속했고, 이후 세종시 국토부 청사 앞에서 노민규 씨의 단식까지 이어졌다. 곳곳에서 시민들이 일일 동조 단식을 하는 등 다양한 참여와 관심이 생겨났다. 어느새 도청 앞 천막촌이 제주제2공항 반대 싸움의 상징으로 자리 잡게 되었다.

제주 민심의 변화

국토부와 제주도가 토론에서 논리가 궁해 질 때마다 제주제2공항은 도민이 원하기 때문에 애쓰고 있을 뿐이고, 공무원은 도민 여론에 따라 일하는 심부름꾼일 뿐이라는 것을 강조했다. 도민들의 요구가 국책사업의 원동력이라는 것이다.

도민들이 오래전부터 요구해 온 숙원사업이라는 주장인데, 이 논리는 완전히 틀렸다. 2005년 한해 제주도 관광객 수가 5백만 명이었다. 매년 폭발적으로 늘어 머지않아 천만 관광객 시대가 올 것이라며 대단한 미래가 펼쳐질 것 같은 기사가 쏟아졌다. 예상했던 수치를 넘어서는 데 오래 걸리지 않았다. 2013년 1천만 명이 넘었고 2015년 1천 4백만 명, 2016년 최고 1천 6백만 명에 육박했다. 이때까지만 해도 늘어나는 관광객 때문에 제2공항이 불가피하다고 생각하는 여론이 높았다.

하지만 관광객이 증가하면서 제주 환경의 수용력 문제가 본격적으로 드러나기 시작했다. 쓰레기 포화, 수질오염, 오폐수문제, 시내권 주정차 문제 등 제주도의 환경지표가 급격히 악화되면서, 개발만을 위한 정책과 관광객 수에만 의존하는 제주 관광에 비판 여론이 커졌다. 관광객만을 늘리는 일을 멈추지 않으면 제주 환경이 더 이상 버티기 어렵다는 위기의식이 생겨나기 시작한 것이다. 관광객이 세 배 늘었다고 해서 우리네 삶이 그만큼 좋아지는 것도 아니다. 천만 관광객 시대를 염원하던 2005년과 이미 천오백만 명을 넘어서게 된 2016년, 그 십여 년 동안 제주도는 많은 것이 변했다. 변화를 감지하지 못하고 여전히 과거에 머물러 있는 이가 누구인가?

3. 상황도 변했고, 민심도 변했다

이제 관광객도 2016년 1,700만 명 최고점을 찍은 후 더 이상 늘지 않고 1,500만 명 내외를 유지하고 있다. 그 사이에 2019년 12월 발병한 코로나19가 현재까지 이어지고 있고, 기후 위기가 점점 심각해지면서 제주도 환경에 대한 논란이 끊이지 않고 있다. 제주제2공항이 2015년 이전에는 숙원사업이었을지 몰라도 모든 환경과 도민여론이 달라진 2023년 현재는 도민 숙원사업이 아니다.

처음에는 제2공항에 대한 도민들의 찬성이 70% 이상이었기에 제주도의 '도민 숙원사업' 주장이 그럴듯해 보였지만 이제는 아니다. 아직도 도민들이 제2공항을 숙원사업으로 생각하는지, 도민이 정말 제2공항을 필요로 하는지 의견을 묻자는 상식적인 요구조차 수년째 받아들여지지 않았다. 제주도는 도민이 원해야 제2공항을 진행할 수 있다고 했지만, 도민에게 의견을 묻는 것은 불가능하다는 해괴한 이야기를 반복했다.

박찬식 vs 원희룡 TV토론에서 드러난 공항 안전 문제 왜곡

용역 재검증 과정에 여러 차례의 TV토론 등 제주도와 반대 측 주민들의 공방이 있었다. 그중 2019년 8월 29일 KBS에서 방영한 원희룡 도지사와 박찬식 제주제2공항 강행저지 비상 도민회의 상황실장의 토론이 인상적이었다.

이 자리에서 원희룡 제주도지사는 도민 안전을 위해 제주제2공항을 꼭 추진해야 한다고 강조했다. "제주공항 활주로에 2분에 한 대, 추석이나 설 연휴에는 1분 40초에

한 대꼴로 항공기가 뜨고 내려 도민과 관광객의 안전을 위협하고 있다"며 도민들에게 겁을 주었다. 하지만 박찬식 상황실장은 "정작 비행기가 자주 뜨는 것이 안전을 해치는 것이 아니라, 체계적으로 관리하지 못하고 시스템이 정비되어 있지 않아서 생기는 문제다"라며 문제의 핵심을 꼬집었다. 국토부가 현 공항의 관제시스템을 개선하지 않으면서, 이를 제2공항 강행의 구실로 이용하는 것을 지적한 것이다. "단일 활주로만 운영하는 영국의 개트윅 공항(Gatwick Airport)은 시간당 50회 이상, 거의 1분에 한 대 가까이 뜨고 내리는 데 안전에 아무 문제가 없다."고 강조하며 원 지사가 잘못된 정보로 문제의 본질을 왜곡하고 있다고 강조했다.

실제 제주공항이 위험한 이유는 지난 10여 년 동안 비행기 운항은 급증했는데 관제시설과 장비가 낙후되어 있고 전문 인력이 부족한 것 때문이다. 오래전부터 관제시스템을 개선하는 데 예산을 추가해야 한다는 문제 제기가 있었다. 그러나 문제 해결 노력은 하지 않고, 오히려 예산을 삭감해 버려 문제를 증폭시키는 일을 자행했다. 그러면서 제2공항을 강행하는 명분으로 안전을 활용하려 하고 있다는 날카로운 문제 제기였다.

예를 들면 외국에서는 관제시스템에 인공지능 장비를 도입해 보다 효율적으로 관리하고 있는데, 제주 공항은 관제시스템을 정비하지 않고 여전히 신호수가 일일이 신호를 주는 형태로 운영 중이다. 안전하지 않도록 만들어 놓고 이제 와서 제주도민의 안전을 이유로 제2공항 건설을 주장하는 것은 어불성설이다.

박찬식 vs 국토부 쟁점해소 공개토론회

박찬식은 '육지사는 제주사름'대표로 제주 4.3을 전 국민에게 알리고 정의로운 해결을 요구하는 일에 앞장섰던 인물이다. 그러던 중 고향 땅 제주의 제2공항 문제를 접하게 된 것이다. 110여 개의 시민사회단체가 결집한 제2공항 비상도민회의 상황실장 및 상임공동대표로서 현재까지 제2공항을 막는 데 앞장서고 있다. 철저한 자료조사와 문제 파악을 통해 반대 측 주장을 정확하게 알려왔다. 원희룡 제주지사와의 KBS

토론에서는 능청스럽게 거짓말하는 정치인을 상대했고, 이듬해에 진행된 국토부와의 공개토론에서는 각 분야 전문가와 대등한 토론을 펼쳤다.

2020년 7월 2일부터 총 네 차례 진행된 쟁점 해소 공개토론회에서 찬성 측 패널은 국토부 공항 항행정책관 김태병 국장이었다.

이에 맞서 박찬식 상황실장은 조사를 바탕으로 문제를 파헤치고 제2공항 쟁점의 핵심을 끊임없이 지적했다. 어렵게 부실 용역 재조사를 끌어냈지만, 용역자료를 분석하고 문제를 찾아내는 것은 다른 문제였다. 전문가들이 진행한 용역의 문제점을 정확히 알린 토론회가 되었다. 문제점이 하나, 둘 드러나고 도민사회에 알려지면서 점차 반대하는 주민이 늘어나게 되었다.

토론회에서 박찬식 상황실장은 입지 선정 과정에서의 오류, 수요예측 문제점을 날카롭게 지적했고, 제주 환경에 맞는 관광객 규모의 적정성을 유지해야 한다고 강조했다. 이에 대해 국토부 김태병 국장은 전문가의 판단이며 안전 문제는 주민투표의 대상이 아니라는 말만 되풀이했다. 또한 박찬식 상황실장은 "ADPI보고서는 현 공항을 개선하면 충분히 가능하다고 했는데, 이 보고서는 누가, 언제, 어떤 절차로 채택하지 않기로 했는지 밝혀라"고 했지만, 김태병 국장은 이에 대해 답변하지 않고 대부분의 권고안을 시행 중이라고 얼버무렸다.

천신만고 끝, 도민 여론조사 합의

제2공항 갈등이 깊어지자 '여론조사로 갈등 국면을 끝내자'는 도민들의 요구가 높아졌다. 제주도의회가 중재에 나섰다. 제주도와 제주도의회는 수개월간의 협상 끝에 2020년 12월 11일 여론조사를 통한 도민 의견수렴에 합의했다. 여론조사 기관을 선정하고, 여러 차례 토론회를 진행했다.

사실 이 여론조사는 단순한 여론 조사가 아니라 이제까지 제주도와 국토부가 옳았는지, 반대 측 주민들과 시민단체 의견이 옳았는지 도민들에게 심판받는 의미가 있다. 제주도는 여론조사 합의 이후에도 설문 문구 하나마다 신중하고 예민하게 대하며 집중했다. 여론조사를 우습게 여겼다면 제주도가 여론조사 문구 하나 합의하는 데에만 몇 주 걸릴 정도로 예민하게 대응하지 않았을 것이다.

"도민여론조사 통해 제2공항 갈등 국면 끝내자"

사실 반대 측 주민이나 단체에서는 여론조사를 통한 국면 종료에 우려의 목소리도 많았다. 2015년 처음 제주제2공항 입지를 발표했을 때 70% 이상이 제2공항 찬성이었고, 2020년이 되는 동안 조금씩 반대의견이 높아졌다고 해도 안심할 수 있는 상황이 아니었다. 그런데도 이렇게 문제가 많은 사업을 추진하면서, 모든 것이 '도민의 뜻'이자 '바람'인 것처럼 뻔뻔하게 이야기하는 것을 그냥 바라볼 수는 없었다. 힘겨운 갈등 상황을 종식하기 위해서는 도민들의 현명한 선택에 호소할 수밖에 없다는 의견이 다수를 차지했다.

이 결정은 반대 주민들의 설득력을 높이고 제주도의 민낯을 드러나게 했다. 당시 제주도는 여론에 밀려 제주도의회와 여론조사 협의 테이블에 나왔지만, 여론조사 결과에 자신이 없었는지 억지 주장을 하여 협상이 장기화되고 결렬 위기까지 치달았다.

'찬성 여론이 높은 성산지역만 조사하자?' 후안무치한 제주도

제주도의 중요한 정책 결정 사안이므로 여론조사는 당연히 도민 모두의 의견을 물어야 함에도, 제주도는 도민 여론조사가 아니라 '피해지역인 성산읍민'에 한정한 여론조사를 하자는 해괴한 주장을 내세웠다.

지금까지 제주도는 성산지역 사람들에게 많은 미래세대를 위한 일자리가 생겨날 것이며 지역경제가 활성화될 것이라고 장밋빛 선전을 해왔다. 제주도와 국토부의 홍보 때문인지 대부분의 성산읍 마을들은 찬성이 언제나 높게 나왔다. 제주제2공항 예정부지에 포함되어 소음 등 피해 예상 지역은 14개 마을 중 신산리, 난산리, 온평리, 수산1리 등 4개 마을이고 나머지 10개 마을은 땅값 상승 등으로 스스로를 수혜지역이라고 생각하는 주민들이 대다수다. 개발 기대감으로 주민들을 설레게 만들고, 피해지역인 성산 지역만 여론조사를 하자는 제주도의 갑작스러운 주장을 이해하는 도민이 몇 명이나 될까?

제2공항에 대한 제주도민의 찬반 의견이 팽팽한 상황이지만 성산은 찬성 의견이 훨씬 많다는 사실은 모르는 사람이 없다. 제주도는 도민 전체의 의견을 물었을 때 반대 의견이 더 많을 수 있다는 불안감 때문에 찬성이 다수인 성산지역 조사를 내세운 것으로 보인다. 이는 제주도민들의 숙원사업이기 때문에 추진 중이라던 제주도의 논리를 스스로 뒤집는 것이다.

제주도민 전체를 대상으로 여론조사를 실시해야 한다는 제주도의회의 주장과 성산

읍민만 조사하자는 제주도의 주장이 팽팽하게 맞섰다. 1주일 넘게 협상이 파행을 보이며 도민 여론조사 합의가 깨질 것 같은 위기가 왔다. 도민 여론조사에 확신이 없는 제주도가 협상파기를 더 원하는 것 같다는 느낌마저 들었다.

파행을 막기 위해 제주도의회는 제주도민 조사와 성산읍민 조사를 같이 실시하자는 어정쩡한 의견에 합의했다. 우여곡절 끝에 여론조사 일정이 2021년 2월 15일~17일로 결정되고 20여 일간의 찬성 반대 운동 기간이 시작되었다.

도민 세금으로 공항 찬성 홍보하는 제주도

찬성과 반대 측의 운동은 확연히 차이가 났다. 찬성 측 도민들의 집행력과 반대 측 도민들의 집행력도 차이가 있었지만, 문제는 도민에게 의견을 묻겠다던 제주도였다. 제주도는 제2공항을 홍보하는 책자를 제작/배포했고, 제2공항 추진 TV광고, 버스 전광판 광고 등을 도 예산으로 집행했다. 개인 돈도 아니고 도민의 세금을 아직 결정되지 않은 정책인 제2공항 찬성 홍보 예산으로 쓴다는 것은 부당한 일이었다. 이 행위는 도민의 뜻으로 추진되는 사업이라는 주장, 도민에게 의견을 묻겠다는 주장을 뒤집는 것이기도 했다.

반대 측 주민들이 도민 세금으로 제2공항 홍보 책자 발간을 지적하고 항의하자 담당 공무원은 정당한 예산 집행이었다고 답했다. 각 마을과 공공기관마다 두툼한 제2공항 홍보 책자가 비치되었다. 반대 단체에서도 지역방송 TV 광고를 하기는 했지만, 도 예산으로 집행하는 공항 찬성 광고량에 비길 수 없었다. 반대하는 주민들의 후원금으로 제작되는 반대 홍보물은 언제나 빠듯했고 자금 부족에 시달렸다.

반대 측 주민들은 혹한의 날씨에도 3보1배를 하며 제주 한 바퀴를 돌며 도민들의 바른 선택을 호소할 수밖에 없었다. 아스팔트에 무릎을 내주며 몸을 낮추고 굳은 결의를 보여주는 것이 최선이었다.

▲여론조사를 앞두고 3보1배로 반대를 호소하는 주민들 / ©김수오

공무원의 무책임한 대답, '전문가가 진행했다'

제2공항이 진행되는 과정을 쫓다 보면 상식 밖의 일들이 참 많았다. 이상한 일이 벌어지고 있는 것 같은데 책임 있게 대답해 주는 공무원은 없었다. "상부에 보고하겠다, 전문가를 통해 만들어진 자료다"라고 둘러대기 바빴는데, 이 모습을 보면 본인들이 무슨 일을 하는 것인지 목표는 잊은 채 그저 상부에서 '코끼리를 냉장고에 넣으라'는 지시가 떨어졌으니, 죽이 되든 밥이 되든 욱여넣고 있는 모습으로 보였다.

뭔가 잘못되고 있는 것 같아 질문하면 "다 전문가가 진행한 일"이라고 한다. 전문가 집단과 질문하는 도민 사이에서 공무원의 역할은 무엇일까?

4. 전문가와 공무원의 현주소

제주도청 홈페이지에는 '알기 쉬운 제2공항 이야기'라는 게시판이 있다. '공항확충 지원과'에서 작성/관리하는 게시판인데, 제2공항의 필요성에 대한 정보 글이 올라왔다. 게시물들에는 '새로운 하늘길, 청년에게 희망이 됩니다', '세계에서 가장 붐비는 노선', '제주는 작은 섬일까요?' 등이 있다. 제2공항은 청년들에게 희망이며, 현 공항은 세계에서 가장 혼잡한 공항이라 겁주고, 제주는 결코 작은 섬이 아니라서 제2공항이 필요하다는 내용들이다. 들여다보자.

청년에게 희망이 된다는 주장은 5만 개 일자리가 생긴다고 선전하는 것인데, 계산법이 해괴하다. 사전 타당성 조사에서 추산한 일자리 수는 절반인 2만 5,000명밖에 되지 않는다. 이것도 1년에 800명씩 30년을 고용한다고 계산한 수치이다. 이 숫자를 두 배 부풀려 5만 일자리라고 홍보한 것이다. 이 수치가 현실화하려면 1년 이상 근속하면 안 된다. 1년씩만 일하고 사이좋게 일자리를 양보해야 2만 5,000명이 되는데 이를 일자리 창출이라 할 수 있을까? 그리고 그것을 두 배 부풀려 5만 일자리라고 홍보하는 근거는 무엇인가? 근거를 밝혀야 할 것이다. 지역 청년에 대한 사기극이 되지 않으려면 말이다.

▲제2공항으로 청년들에게 희망을 주자는 제주도청의 자료 / 출처_제주도청 홈페이지 알기쉬운 공항이야기

현 공항의 노후화 방치하고 혼잡하다 선전하는 제주도

현 공항이 너무 혼잡하고 붐비기 때문에 위험하다는 것은 제주도가 제2공항을 홍보할 때 가장 강조했던 지점이다.

이 주장은 세 가지 오류가 있다. 첫 번째는 관제시스템 노후화 교체 예산을 전액 삭감하는 등 제주도가 이제까지 현 공항이 더욱 혼잡하도록 방치했다는 점이다. 두 번째는 전 세계에서 가장 혼잡한 '공항' 혹은 '활주로'가 아니라 혼잡한 '노선'이라고 홍보하는 것에 유의해야 한다. 위험도를 측정하려면 활주로가 혼잡한지를 비교해야 하지, '노선'이 가장 붐비는 것을 강조하는 것은 교묘한 불안 조장이다. 모든 공항은 다양한 노선을 갖고 있는데, 영국의 개트윅 공항은 상해, 홍콩, 마드리드, 아테네, 바그다드, 도하, 프라하 등 전 세계로 30개도 훨씬 넘는 다양한 노선을 운항하고 있다. 제주공항은 김포행 노선이 핵심 노선이다. 예를 들어 영국 개트윅 공항 10개의 노선에 각 10대씩 운항하면 100대의 비행기가 뜨고 내리는 것이다. 제주-김포 단일 노선이 30대를 운항한다고 해서, 제주공항이 개트윅공항보다 위험해지는 것은 아닌 것이다.

세 번째. 노선을 '하늘길'로 봤을 때, 김포-제주 하늘길에 비행기가 많은 것은 사실이다. 그러나 그 문제는 제주에 공항을 더 만드는 것으로 해결되지 않는다. 고속도로 끝 종착지가 두 곳이 되거나 세 곳이 되는 것은 차량이 많이 몰려 생기는 고속도로 정체의 해결법이 되지는 않기 때문이다. 종착지가 추가되어 차량이 늘어나면 오히려 혼잡

세계에서 가장 많은 비행기가 오간 항공노선은 어디일까?

지구촌 1위는 제주 - 서울 노선이다.

지난 2018년 3월부터 2019년 2월까지 1년 동안 조사한 결과 **제주-서울 노선은 7만,460회로 전 세계 국제선과 국내선을 통틀어 가장 바쁜 하늘길로 조사됐다.**

▲세계에서 가장 혼잡한 노선 홍보자료 / 출처_제주도청 홈페이지 알기쉬운 공항이야기

해질 뿐이다. 공항이 늘어나서, 서울에서 제주를 찾는 사람이 제2공항 수요예측만큼 늘어난다면 하늘길은 더욱 복잡해진다. 도민들에게 '가장 복잡하고 혼잡한 공항'이라는 인식을 억지로 주입하려는 꼼수에 지나지 않는다.

짜깁기로 진실을 왜곡했다

'제주는 작은 섬일까요?'라는 게시물을 보면, 전 세계 섬 중 제주도와 비슷한 규모의 섬을 모아 자료를 만들었다. 큰 제목은 '제주보다 크기가 작거나 비슷한 섬에 공항은 2~3개 있습니다'인데 수많은 섬 중 공항이 2~3개인 섬을 모아서 자료를 만들어 놓고 마치 제주도에 공항이 1개인 것이 세계 추세에 못 따라가는 것처럼 도민들을 현혹하고 있다.

다른 섬들과 비교해 '저기도 있으니, 우리도 있어야 한다'는 주장 자체도 어설프지만, 비교해 놓은 공항들은 더욱 문제가 있다. '숫자'를 이용한 말장난이다. 공항의 개수로 따지자면 제주에는 1개, 프랑스 레위니옹섬에는 2개인 것이 '사실'이다. 그러나 레위니옹섬의 한 개 공항은 인근만 제한 운행하며 하루 평균 이용객이 260여 명(2018년 기준)에 불과한 작은 공항이다. 제주공항은 하루 평균 이용객 수가 36,876명(2017년 기준)이다. 헬기 정도가 뜨고 내릴 만한 작은 규모의 공항까지 긁어모아 제주도 주장에 끼워 맞춰 자료를 만든 것이다. 과들루프라는 섬은 공항을 찾는 것조차 쉽지 않다. 검색이 안 되는 이유는, 일반적으로 생각하는 정상 운영 공항이 아니기 때문이다. 상업용 여객 운항이 없으니 항공권 조회도 불가능하고, 공항 검색도 안 된다.

전문가들이 알아서 한다더니, 만들어 낸 자료가 이런 왜곡이다. 제주제2공항 건설의 합리성과 근거를 찾기 어렵다. 그저 '제2공항은 성사해야 한다'는 명령이 내려졌으니 그것에 맞게 움직일 뿐이다. 공무원들이 엉터리 자료를 짜깁기 해서 결과적으로 진실을 왜곡하고 있다. 도민세금으로 월급받는 공무원들 머리속에 우리 주민이 있기는 한 것인가?

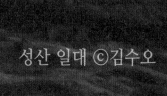
성산 일대 ©김수오

2장

세 번의 터닝 포인트

2장 들어가며

세 번의 터닝포인트에서는 제주제2공항이 7년간 수많은 변곡점과 우여곡절을 겪었지만, 특별히 주민들의 공분을 사고, 여론이 집중되었던 세 번의 분기점을 소개합니다. 이 과정에서 국책사업이 (혹은 이를 강행하는 세력이) 주민들에게 얼마나 무례했는지 적나라하게 드러납니다.

첫 번째 사건은 합동 부실 용역 재조사 과정에서 문제점이 드러나 재조사 기간 연장을 강력 요구했지만, 국토부가 이를 거부하고 일방적으로 조사를 중단한 사건입니다. 국토부는 공식적인 자리에서 언제나 도민을 위해, 도민들이 원할 때만 공항이 추진될 거라고 말했습니다. 도민의 심부름꾼일 뿐이라 했지만 재조사 과정에서 나타난 의문을 해소하기는커녕 진실이 드러나는 것이 두려운지 서둘러 덮어버리고 맙니다.

두 번째 사건은 어렵게 끌어낸 도민 여론조사와 그 결과에 대해 원희룡 제주도지사와 국토부가 불복하고 제2공항을 강행하기로 한 것입니다.

세 번째 사건은 국토부의 전략환경영향평가서를 환경부가 반려한 것입니다. 국책사업이 추진되기 위해서는 전략환경영향평가를 환경부에 제출하고 통과되어야만 하는데, 이미 환경부로부터 두 번의 보고서 보완요구가 있었습니다. 세번째마저 '부동의'를 받을 경우 본 국책사업은 추진될 수 없고 처음으로 돌아가 7년 전 공항 부지를 찾던 연구용역부터 다시 시작해야 합니다. 그런데 이 마지막 세번째 검토에서도 환경부로부터 '반려' 처리가 된 것입니다.

마지막 전략환경영향평가마저 통과하지 못했다는 것은 무엇을 의미하는 것일까요? 대안 없이 미완의 보고서를 제출했거나, 아무리 보완해도 환경적 가치 보존과 해당 사업이 함께 존립할 수 없다는 것으로 해석됩니다. 그런데도 무례한 국토부는 주민들의 요구를 무시하고 비공개로 전략환경영향평가 보완보고서를 제출했습니다. 떳떳하다면, 주민들을 위해 추진하는 사업이라면 비공개로 추진해야 할 이유가 없을 텐데 말입니다.

1. 부실 용역 재조사의 쟁점

2015년 국토부는 제주지역 공항 인프라를 확충하는 사전타당성(사타) 용역을 진행했다. 해당 용역 결과에 따라, 그해 12월에 성산을 제2공항 입지로 발표했다. 그러나 사전타당성 용역이 졸속으로 진행되어 재검토해야 한다는 주장이 끊임없이 제기되었다. 수년간의 요구 끝에 용역 재조사 검토위원을 구성하기로 합의를 끌어냈다. 용역 부실 의혹 검증을 위해 2018년 9월부터 국토부와 반대 측에서 각 7명의 위원을 추천하여 검토위원회를 구성했다. 재조사 기간은 3개월을 기본으로 하되 필요시 2개월 연장할 수 있도록 했다. 검토위는 사전타당성 용역 보고서를 전달받아 살펴보는 데만 두 달이 흘렀고, 몇 가지 문제점을 발견하여 쟁점에 대한 평의 작업을 하면서 3개월이 지나 버렸다. 문제 검증을 위해 2개월 연장을 요구했지만, 국토부가 거부했다. 상황에 밀려 시작한 부실 용역 재조사를 국토부는 제대로 할 의사가 없었던 것으로 보인다. 이때 드러난 여러 문제점 중 핵심 쟁점 두 가지를 정리해 본다.

해괴한 소음조사 방식, '사람이 아닌 창고가 소음 피해를 본다?'

첫째, 검토위원회 위원들은 처음 제2공항 후보지로 유력했던 대정읍 신도리가 탈락하고 성산읍이 선정되는 과정에서 의도적인 조작을 의심했다. 검토위가 지적한 핵심 쟁점 한가지는 소음을 이유로 대정읍 '신도1'을 탈락시킨 대목이다. 여기에서 '실수'가 아니라 '조작'으로 보고, '탈락되었다'가 아니라 '탈락시켰다'고 표현하게 되는 이유는 검토 결과가 전혀 합리적이지 않기 때문이다.

후보지 신도1은 소음을 이유로 탈락시켰다. 신도1 탈락이유에서 주목할 점은 소음 피해를 인구수나 주택 수로 산정하는 기존의 평가방식에서, 건축물 면적으로 피해 규모를 산정한 것이다. 인구수나 주택수로 소음피해 점수를 매기던 기존의 기준으로는 당연히 인구/주택이 밀집된 지역을 피하기 마련이다.

신도1은 넓은 농공단지로 일반주택이 별로 없고 창고, 공장이 많은 지역이다. 사람 대신 건물이 소음 피해를 본다는 해괴한 조사 방법을 도입하여, 결과적으로 농경 단지인 신도1이 인구수가 더 많은 성산보다 낮은 점수를 얻게 되었다.

검토위원회 위원들은 이를 단순한 부실이 아니라 당시 유력한 후보지였던 신도를 떨어뜨리고, 성산으로 확정 짓기 위한 조작으로 의심하고 있다. 앞선 '어쩌다 피해 주민'에서 이야기했듯이, 성산으로 입지가 선정되기를 바라는 이해당사자가 해당 용역에 직접 참여하여 이런 문제가 드러났으니 '조작'을 의심하는 것도 무리는 아니다. 그러나 국토부는 '최적화 요건을 찾은 것'이라고만 말할 뿐 명확한 해명을 하지 못했다.

안개일수 조작 의혹

둘째, 용역 과정에서 신도1, 신도2와 함께 유력하게 검토되었던 정석비행장이 탈락한 이유는 안개일수 때문이었다. 검토위원들은 "정석비행장을 포함한 제주의 안개일수는 인천공항이나 김포공항에 비해 적은 편이며 큰 결격사유가 될 수 없음에도 불구하고, 다른 후보지는 안개만 적용했는데 정석비행장은 시정(가시거리)에 운고(구름의 높이)까지 포함해 제시되었기 때문에 자료의 형평성을 인정할 수 없다. 또한 제시된 안개일수도 정확하지 않다"며 안개일수 조작을 주장했다.

실제로 타 후보지의 안개일수는 인근 기상관측소에서 제공받은 데이터로 점수를 매겼지만, 정석비행장만 자체 조사한 데이터를 적용했을 뿐 아니라 이를 성산관측소 자료 인용으로 허위 보고했다. 위원들이 성산기상대 자료를 검토하던 중 문제를 발견하여 재차 질문하자 정석비행장 자체 관측 데이터였다고 실토한 것이다.

정석비행장은 인근에 주택이 많지 않고, 이미 넓은 부지와 활주로까지 있어 대한항공에서 연습 비행에 사용할 만큼 준비가 되어있는 후보지이다. 이미 기반 시설이 되어있는 곳을 우선 선정 대상으로 보는 것이 타당한 선택지였을 것이다. 수백만 평의 부지를 성산 인근에 소유하고 있는 거대기업(대한항공)보다, 삶의 터전을 잃게 될 성산 주민들이 다루기 쉬운 대상인 것이었을까?

반대 검토위원들은 용역의 입지 선정 평가에 결함이 있었다고 입을 모으며 검토 기간 연장을 주장했다. 그러나 재조사 2개월 연장 요구는 받아들여지지 않았고, 국토부는 일방적으로 용역 재조사를 종료시켰다.

국토부의 일방적 종료선언, 주민과의 합의 위반이다

심각한 의혹이 몇 가지 발견되어 위원회가 이에 대한 답변을 국토부에 요구했으나 국토부는 '문제없음'이라고만 할 뿐 의혹 검증을 위한 공개토론회도 거부했다. 또 검토 기간 2개월 연장 요구 역시 묵살했다. 검토 위원 14명 중 7명이 근본적인 하자를 주장하며 철저한 조사를 요구하는데 국토부는 이를 거부하고 그냥 종료했다. 이 일방통행식 행정은 42일간의 단식투쟁 끝에 합의한 계약을 위반한 것이다.

오랜 싸움 끝에 어렵게 얻어낸 부실 용역 검증 국면이 이렇게 허무하게 막을 내렸다. 주민들은 또다시 끝을 알 수 없는 싸움으로 밀려나고 있었다.

【제주=뉴시스】조수진 기자 = 제주제2공항 재조사 검토위원으로 참여했던 박찬식 충북대학교 겸임교수(가운데)가 21일 오후 제주도의회 도민의 방에서 열린 '국토부의 일방적 검토위 강제 종결에 대한 입장 발표'에서 위원회에서 논의된 주요 쟁점들을 설명하고 있다. 2018.12.21.
*출처 : 뉴시스

현 공항 개선으로 수용 능력 높일 수 있다는 ADPI문건 은폐사건

2018년 12월, 국토부는 일방적으로 검토위를 종결시켰다. 이에 반대 측 검토위원들은 기자회견을 통해 국토부의 일방적 결정을 규탄하며, 용역의 부실함을 꼬집었다. 그렇게 찬성 측, 반대 측 검토위원들이 함께하는 공동 조사는 중단되었지만, 반대 측 검토위원들은 계속해서 사전타당성 용역의 문제들을 제기하며 해명할 것을 요구했다. 그중 하나가 ADPI문건 은폐 의혹이다.

국토부는 항공대 컨소시엄의 (주) 유신(이하 유신)에게 사전타당성 연구용역을 맡겼다. 유신은 사전타당성 진행을 위해 각 분야의 전문가들을 섭외했다. 프랑스의 파리공항공단 엔지니어링(이하 ADPI)에 현 제주공항의 수용 능력을 극대화하는 방안을 검토하도록 연구용역을 맡겼다. 일반인들에게는 생소하지만, ADPI는 세계 3대 공항설계회사 중 하나다. 전 세계에 30여 개 공항을 운영 중인 파리공항공단(ADP)의 자회사로, 80여 개 국에서 700여 개 공항설계 프로젝트를 진행한 바 있으며 1990년 인천공항 입지 선정 용역에도 참여했다. ADPI는 직접 수십 개의 공항을 운영해 본 경험을 바탕으로 다양한 환경적 요인을 분석해 700여 개 프로젝트를 치러낸, 말 그대로 해당 분야 전문가다. 그런데, ADPI에게 발주하고 집행된 내역은 있는데, ADPI의 보고서는 흔적도 없이 지워져 있었다.

검토위는 해당 보고서를 공개하라고 유신에게 요청했다. 유신은 국토부로 제출 뒤 폐기했다고 답했고, 국토부는 검토 후 폐기했다고 답했다. 1억 3천만 원이 집행된 연구용역 보고서가 사라진 것이다. 검토위는 보고서 은폐를 주장하며 서둘러 공개할 것을 요구했다. 이에 해당 문건은 ADPI측의 동의 없이 공개할 수 없다는 내용이 계약사항에 명시되어 있다고 해명했다. 그런 해명은 일주일이면 족하다. 동의를 구하고 공개하면 될 문제이기 때문이다. 장장 6개월 만에 유신이 ADPI로부터 이메일로 전달받아 공개했고 비로소 제주도민들은 ADPI보고서를 확인할 수 있었다.

보고서에는 현 공항을 개선하면 충분히 수용 능력을 늘릴 수 있으며, 심지어 현재 필요로 하는 수용 능력보다도 더 높일 수 있다는 내용이었다. 보고서가 공개되자 의도적

은폐를 의심하는 도민 여론이 더욱 들끓었고, 해명을 요구하는 여론이 커졌다. 국토부는 해당 보고서에 대해 제주의 상황을 잘 모르고 작성한, 하나의 아이디어일 뿐이라고 답했다. 그러나 그렇지 않다. ADPI는 전 세계 각 지역의 공항들을 설계하는 팀이다. 세계 3대 공항설계 용역팀의 보고서를 그렇게 우습게 볼 것이라면 1억 3천만 원은 왜 집행한 것일까.

이 역시 국토부가 스스로 발등을 찍은 결과가 되었다. ADPI보고서 은폐 의혹으로 인해 도민들의 국토부 불신이 커졌기 때문이다. 도민을 어느 정도까지 우습게 만들 작정인가. 도민들이 앞으로의 진행 상황을 더 세심하게 지켜봐야 한다고 마음먹게 된 계기가 되었다.

처음부터 성실한 조사 의지 없이 명분 축적을 위해 주민들을 이용할 것이라는 논리가 현실이었다. 누가 들어도 타당해 보이는 연장 조사 요구에 국토부가 조금만 귀 기울였다면 상황은 달라질 수 있었다. 진실은 아무리 감춰도 결국 드러난다.

2. 제주도민은 제2공항을 불허했다

수년간의 도민 여론조사 요구 끝에, 결국 제주도는 도민들에게 의견을 묻기로 합의했다. 이 합의를 끌어내기까지, 여러 차례 공개토론회가 진행되었다. 공개토론회에서 다양한 의혹들이 제기되었고, 시간이 흐를수록 도민이 직접 결정하자는 여론이 높아졌다.

2021년 2월 18일 오후 6시, 6년간 주장해 왔던 여론조사의 결과가 발표되었다. 합동 여론조사에서 공항 건설 반대가 높게 나온 것이다. 찬성이 반대보다 3배 높은 상황에서 시작해 문제점들을 조금씩 알리며 걸어온 험난했던 길을 위로해 주는 결과였다.

여론조사 결과에 따르면 한국갤럽 여론조사에서는 찬성 44.1%, 반대 47%(어느 쪽도 아니다 2.7%, 무응답 6.1%)로 오차범위 내에서 우세, 엠블레인퍼블릭의 조사에서는 찬성 43.8%, 반대 51.%1(어느 쪽도 아니다 1.6%, 무응답 3.5%)로 오차범위 밖에서 우세한 것으로, 두 기관 모두 도민의 의견은 제주제2공항 반대로 나타났다.

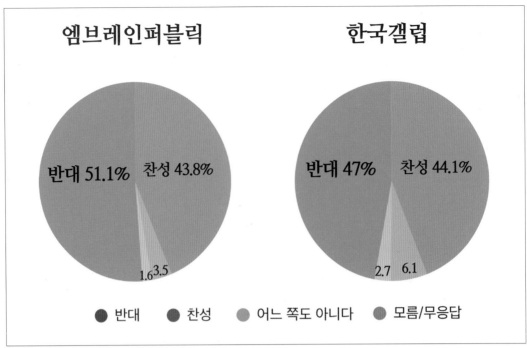

엠브레인퍼블릭   한국갤럽

반대 51.1%   찬성 43.8%   반대 47%   찬성 44.1%

1.6 3.5   2.7   6.1

● 반대   ● 찬성   ● 어느 쪽도 아니다   ● 모름/무응답

▲2021년 2월 18일 발표한 제주제2공항 찬반 여론조사 결과

이 결과는 처음 제주제2공항 입지를 발표한 2015년에 도민의 70% 이상이 제주제2 공항을 찬성했던 것에 비하면 상전벽해와 같은 큰 변화가 생긴 것이다.

여론의 반전은 우연이 아니다

여론조사 과정에서 제주도가 압도적인 홍보와 공무원 조직력으로 밀어붙였어도 도민들이 제2공항을 반대한 이유가 무엇일까? 무엇이 이렇게 6년 만에 도민의 의견을 뒤바꿔 놓았을까?

맨처음 제주제2공항 입지 선정 발표 당시 제주도와 국토부의 핑크빛 홍보에 가려졌던 문제점이 드러나기 시작한 것이다. 절차적 정당성이 훼손된 것과 사전타당성 조사 과정에서 문제점이 하나하나 드러나며 진실을 알게 된 도민들이 돌아서게 된 것은 어쩌면 당연한 일이다.

두 번째로는 제2공항 입지 선정을 발표했던 2015년에 비해 제주도의 주·객관적인 상황이 많이 바뀌었다. 쓰레기 처리 문제, 지하수, 바닷물 오염 등 환경문제가 화두가 되면서 무차별하게 관광객 수만 늘리다가는 제주도가 크게 망가질 수 있다는 위기의식과 기후 위기에 따른 공감대가 넓어진 것이다. 여기에 제주제2공항 반대단체들의 끈질긴 대응과 선전도 역할을 톡톡히 했다.

여론조사 결과 무시한 원희룡 제주도정

도민 여론조사 직전 국토부는 제주도민들이 합리적, 객관적 절차에 따른 도민 의견 수렴 결과를 제출하면 정책 결정에 반영하겠다고 했다. 이낙연 민주당 대표도 여론조사 결과를 존중해야 한다고 발표했다. 서로 합의한 공적인 영역에 대한 승복과 존중은 민주주의의 기본 상식이 아닌가? 그런데 제주도 시민사회와 정치권에서 지극히 당연한 결과에 대한 승복을 언급한 이유가 있었다. 여론조사 전부터 제주도가 패했을 경우 불복할 명분을 준비한다는 정황이 포착되었기 때문이다.

원희룡 제주지사는 도민 여론조사 결과발표 직후 동부와 서부지역의 찬반 의견 격차, 성산지역주민 조사에서는 찬성 의견이 많은 점을 내세워 도민 여론조사 결과에 승복하지 않았다. 여론조사일 뿐이지 크게 의미 없다는 듯한 태도를 보였다.

성산읍 여론조사에서는 두 개 여론조사기관 모두 찬성 의견이 배 이상 높게 나타났다. 이는 앞에 언급한 대로 모든 사람이 예견했던 결과였다. 제주도가 여론조사 협상 과정에서 성산읍민 별도 조사를 굽히지 않았던 의도가 여기에 있다. 결과적으로 제주도의회가 성산읍민 여론조사 병행에 동의한 것이 큰 실수로 드러났다.

대다수 도민은 제주도가 결과에 불복하리라고는 예상하지 못했기에 충격이 컸다. 도민과 반대 단체의 반발이 이어졌다. 승복하지도 않을 것이라면 왜 아까운 예산과 시간을 들여 도민 여론조사를 했는지 어이없어 했고 기만이라 분노했다. 제주도가 여론조사 방법과 문구를 가지고 제주도의회와 한 달 동안 실랑이를 벌였다는 것은 이 여론조사의 의미와 결정력을 반증한다.

불복의 이유로 내세운 동서지역 불균형은 더욱 불복의 이유가 될 수 없다. 제2공항 예정 부지가 있는 동쪽 지역은 지역 발전의 발판이 될 것이라는 장밋빛 선전 영향으로 찬성률이 높았다. 동쪽은 찬성, 서쪽은 반대인 것이 왜 문제인가? 홍보한 내용에 따라, 혹은 개발 이해관계에 따라 여론이 차이가 나는 것은 지극히 자연스러운 결과다. 중요한 점은, 지난 6년 동안 대체로 서쪽은 반대, 동쪽은 찬성, 동쪽 중에서도 성산은 월등히 찬성이라는 큰 틀은 변화가 없었으나, 전체적인 찬성과 반대의 수치가 조금씩 바뀌더니 결국 반대의견이 높게 나왔다는 것이다.

3. 환경영향평가 반려의 의미

환경부로 세 번째 넘어간 전략환경영향평가

원희룡 도지사가 도민여론조사에서 드러난 제주도민의 결정을 무시하자 국토부는 급히 마지막 관문인 환경영향평가 추진에 힘을 쏟았다. 이제까지 도민 여론조사에서 제2공항을 반대해야 하는 이유를 알리는 데 온 힘을 쏟았던 반대 측 주민들과 시민사회는 결과에 기뻐할 겨를도 없이, 환경부의 전략환경영향평가 '부동의' 결정을 위해 싸워야 하는 상황이 되었다.

국토부는 그동안 부실한 전략환경영향평가 보고서 제출로 인해 두 차례나 수정 보완 요구를 받았었다. 1, 2차 전략환경영향평가 심의 과정에서 환경부는 "제주제2공항 계획 대상지에 대한 항공기 조류 충돌 영향 및 서식지 보전, 항공기 소음 영향, 법정보호종, 숨골 등에 대한 보완 검토"를 주문했다.

심의 과정을 들여다보면 제주제2공항 예정 부지에 대한 국토부의 조사내용이 얼마나 허술하고 취약했는지 한눈에 드러난다. 주민들이 잠깐만 조사해도 여러 차례 발견한 법정보호종 맹꽁이가 예정 부지 안에 한 마리도 없다고 했다. 또한 조류 조사는 이틀간 3회 형식적인 조사에 그친 조사 결과물을 내 놓았다. 숨골과 동굴, 소음피해에 대한 조사도 마찬가지였다. 겨울잠을 자는 맹꽁이는 장마철이 되어야 울음소리로 그 존재를 확인할 수 있는데, 겨울철에 조사 하고 예정 부지에 맹꽁이가 없다고 한 것이다. 조류 조사도 마찬가지다. 조사지역에 가봤더니 별거 없더라 하는 자료를 만들기 위한 형식적인 조사였기에, 지역주민들이 휴대폰으로 찍은 사진 자료보다 부실할 수밖에 없었다.

이에 주민들과 환경단체들은 숨골, 소음피해에 대한 확실한 조사를 요구하며 직접 조사에 나서기도 했다. 성산읍 거주 지역주민들과 뜻을 함께하는 도민들은 전문가를 초빙하여 법정보호종과 조류 실태조사를 하면서 국토부의 허술한 조사를 반박하고 환경부에 부동의 할 것을 요구했다.

2021년 5월경부터 국토부가 세 번째 수정 보완한 전략환경영향평가를 환경부에 요청할 것이라는 뉴스가 전해지자 다시 숨 가쁜 싸움이 시작되었다. 일단 환경부의 전략환경영향평가 검토 결과에 따라 사업이 완전히 엎어질 수 있기에 반대 측 주민들과 환경단체 회원들의 긴장감은 최고조에 달했다. 제주도, 환경부, 국토부 앞에서의 1인시위와 대중집회 등 곳곳에서 제2공항 백지화, 환경영향평가 부동의를 요구하는 주민들과 시민단체의 시위가 이어졌다.

환경부, 제2공항 환경영향평가 반려하다

수년간 제2공항 예정 부지인 성산지역의 법정보호종 조류를 집중 조사하여 허술한 환경영향평가에 대처했던 '성산환경을지키는 사람들' 회원들은 그동안 조사했던 법정보호종과 조류 충돌 가능성을 정리하여 100여쪽에 달하는 파일과 사진을 환경부에 전달했다. 환경부 담당자들도 주민들의 의견을 경청하고 자료를 세심하게 검토하는 모습을 보였고 "주민들의 조사 결과가 사실이라면 적극 검토하겠다"고 했다.

곳곳에서 벌어진 1인시위, 그리고 전문가보다도 방대한 자료를 제시한 시민들의 노력이 통했을까? 결국 환경부는 2021년 7월 20일, 제주제2공항 환경영향평가를 '반려'하여 국토부의 보완 내용에 문제점이 많다는 것을 확인했다. 당시 환경부가 반려한 이유는 크게 4가지다.

조류 및 그 서식지 보호 방안에 대한 검토 미흡, 항공기 소음 영향 재평가 시 최악 조건 고려 미흡 및 모의 예측 오류, 다수의 맹꽁이(멸종위기야생생물 Ⅱ급) 서식 확인에 따른 영향 예측 결과 미제시, 조사된 숨골에 대한 보전 가치 미제시 등이다.

6년간 추진해 온 제2공항 건설이 엎어지는 '부동의'가 아니라, 보완의 여지를 남긴 '반려'를 결정한 것이 개운치 않았지만 일단 안도했다. 기회를 세 번이나 줬음에도, 보완되지 못한 보고서는 통과가 불가능해 보였으며, 주민들도 이 정도면 사실상 제주제2공항 추진은 끝났다고 안도했다. 도민 의견수렴에서도 반대 의견이 많았고, 전략환경영향평가도 세 차례나 막혔으니 이제 걱정 안 해도 될 것이라는 안도감은 잠시뿐이었다. 더 큰 싸움이 주민들을 기다리고 있었다.

두 번의 보완, 한 번의 반려. 또다시 밀어붙이는 국토부

세 번 막아낸 전략환경영향평가를 또 막아야 하는 현실이 눈앞에 다가왔다. 그 사이 대통령 선거에서 제주제2공항 강행을 공약으로 내세웠던 윤석열 후보가 대통령이 되었고, 제2공항을 추진했던 원희룡 전 제주지사가 국토부 장관이 되면서 국면이 급격히 변한 것이다.

예상대로 국토부는 2023년 1월 6일 또다시 네 번째 전략환경 영향평가를 환경부에 제출했다. 보완된 내용을 전면 공개하라는 주민들과 환경단체들의 요구를 무시한 채 비공개로 전략환경영향평가를 제출했다. 반대 측 주민들과 환경단체는 전략환경영향평가의 부당함을 또 입증하며 싸워야 했다. 울화가 치밀지만, 어쩔 도리가 없었다.

주민을 완전히 무시한 비공개 용역

국토부에서 반려된 전략환경영향평가를 보완하여 다시 제출하기 위한 용역을 실시하려 한다고 했을 때 반대 측의 요구는 두 가지였다.

첫째, 이제까지 세 번에 걸친 엉터리 전략환경 영향평가를 제출해 지적받은 국토부와 해당 용역팀을 믿을 수 없으니, 주민이 추천하는 전문가를 포함하고, 조사팀을 투명하게 선정해야 한다는 요구였다. 국토부는 이를 거부하고 입맛에 맞는 용역팀을 선정하여 조사를 마쳤다.

둘째, 조사한 전략환경영향평가를 환경부에 제출하기 전에 도민들에게 전면 공개하라는 주장이었다. 특히 이번엔 1, 2차와 달리 전략환경영향평가 보완이 아니라 반려였기 때문에 경우가 완전히 다르다. 반려라는 것은 단순한 보완 요구가 아니라 문제가 심각하여 돌려 보냈던 것이다. 그런데 뭐가 무서운지 국토부는 주민들의 알권리를 무시한 채 비공개로 용역을 시행하고 전략환경영향평가를 제출했다. 지난 세 번의 보고서 모두 문제가 드러나 통과하지 못했던 전략환경영향평가서다. 더욱더 면밀히 검토해야 하고, 모든 도민이 예의주시하고 있을 중요한 자료임에도 주민의 요구를 무시하고 비공개 진행이라는 강수를 두었다. 국가권력이 주민에게 이렇게 무례해도 되는가?

조건부 동의의 문제점

　기후 위기의 시대에 가장 힘이 있고 제 역할을 다해야 할 부처가 환경부다. 나라의 환경을 지켜내야 할 마지막 보루인 환경부가 제 역할을 포기한다면, 그 나라의 환경은 미래가 없다. 제주제2공항을 지금까지 막아낼 수 있었던 것도 환경부가 엉터리 보고서에 제동을 걸었기 때문이기도 하다.

　환경부 발표 며칠 전부터 심상치 않은 분위기가 돌았다. 찬성 측 주민들은 환경부가 전략환경영향평가에 동의할 것이라고 환호하는 광경이 자주 보였고, 대부분의 주민이 '조건부 동의'를 예상했다. 환경부가 이미 동의를 결정했다는 주위의 전언에도 불구하고, 옳은 결정을 내려주기를 바라는 마음이 있었다. 하지만 세간의 예상대로 환경부는 환경을 저버리는 선택을 했다. 그렇게 볼 수밖에 없는 이유는, 지난 세 차례 동안 제출되었던 보고서와 크게 달라지지 않은 전략환경영향평가서를 동의했기 때문이다.

　검토기관들은 규모 축소와 장소 이전 등을 검토해야 한다고 했지만, 국토부는 오히려 제2공항 부지 면적을 확대하여 제출했다. 그리고 환경부가 이에 동의했다. 환경부는 3월 6일 국토부의 전략환경영향평가를 6개의 국책 연구기관의 검토 의견을 참고해 조건부 승인한다고 밝혔다. 하지만 6개 기관 중 5개 기관이 전략환경영향평가서에 부정적인 의견을 제출한 것으로 밝혀졌다. 기후 위기의 시대 마지막 보루라던 환경부의 결정에 낙담했다.

환경부 전략환경영향평가서 5개기관 검토의견 정리

한국환경연구원	조류 충돌 위험성 기존 제주공항보다 최대 8.3배 높고, 조류 충돌이 가장 빈번한 김포공항, 인천공항과 비교해도 최대 4.96배 위험. 문제해결 위해서는 주변 철새도래지 등 조류서식지를 없애야 함. 종 다양성을 지키며 조류 충돌을 방지하려는 근본적인 대책 미흡. 제주 도내 사회적 갈등 해소에 대한 방안 미흡.
국립생물자원관	충돌 가능성 평가에서 높은 점수를 받은 종들이, 충돌 심각성 평가에서는 낮은 것으로 평가되는 등, 조류 조사와 평가에 문제 지적.
국립생태원	별종위기종들의 서식지 파괴가 불가피하며, 항공기 이착륙 방향으로 조류 충돌 가능성이 있으니 입지 조정과 사업 규모 축소 등 검토 필요.
국립환경과학원	숨골 훼손으로 인한 지하수 함양량 감소에 대한 저감 방안 필요, 두점박이사슴벌레, 애기뿔소똥구리와 같은 멸종위기종 저감방안 수립되지 않음.
국립수산과학원	조류 4종, 10개체의 위치 추적 자료만으로 조류영향 평가하기엔 부족, 조사 종/개체수 늘리고, 1년 이상의 장기 조사 자료 필요함

1) 조류 충돌 위험성에 대하여

평가 기준 제멋대로, 왜곡과 조작의 흔적

국토부의 전략환경영향평가에서 조류 충돌 심각성에 대한 평가 기준이 변경됐다. 실제 흑산도, 새만금은 물론, 제2공항 보완용역 등에도 조류 충돌 평가 기준으로 '개체의 신체적 크기나 집단으로 무리를 이뤄 생활 및 이동하는 종을 피해 가능성이 높은 종으로 선정한다'고 명시하고 있다. 그러나 충돌 심각성의 기준을 이번 전략환경영향평가 본안에서는 '국내 전체 공항에 발생한 조류 종별 총 충돌 건수 중 피해 건수로 산정하여 지난 14년간 충돌사고 사례가 없는 종은 제외된다'고 기준을 바꿨다. 즉 '14년간 충돌 사고가 기록되지 않은 종은 앞으로도 사고가 나지 않을 것이다'라고 변경한 셈이다. 더욱 심각한 문제는 따로 있다. 전체 조류 충돌 사고 중 90%가 알아볼 수 없을 정도로 훼손되어 어떤 종의 새인지 기록되지 못했다는 점이다.

조류 충돌 심각성 평가 비교			
	제2공항	흑산도 공항	새만금 공항
종명	심각성		
갈매기 (재갈매기, 흰갈매기, 큰재갈매기, 한국재갈매기, 괭이갈매기, 갈매기, 붉은부리갈매기)	**매우낮음**	매우심각	높음
청둥오리	**높음**	매우심각	높음
쇠오리	**매우낮음**	매우심각	보통
매 (참매, 말똥가리, 잿빛개구리매, 새매)	**낮음**	매우심각	
황조롱이	**낮음**	매우높음	
새호리기	**낮음**	높음	
멧비둘기	**매우낮음**	매우높음	보통
개똥지빠귀	**매우낮음**	매우높음	
왜가리	**매우낮음**		높음

▲제2공항전략환경영향평가 검증TF에서 국토부의 보고서를 분석한 결과, 제2공항의 조류 충돌 심각성 평가가 왜곡되어 있는 것을 발견했다.

상식적으로 조류 충돌 위험성 평가의 목적이 충돌 위험성을 낮추는 것이라면, 기준 변경이 이전보다 안전하고, 문제를 보완하는 방향이어야 한다. 그러나 오히려 10%의 확실성에 기대어 대부분의 새를 위험하지 않은 것으로 만들었다. 그 결과 조류 충돌의 심각성 평가 비교에서 흑산도 사업에서는 '높음', '매우 심각'으로 평가되었던 갈매기, 매, 황조롱이, 멧비둘기, 왜가리 등의 조류가 제2공항 사업에서만 '낮음', '매우 낮음'으로 평가됐다.

공항 경계로부터의 거리 무시한 황당 비교

국토부는 전략환경영향평가(P935)에서 10년간 겨울철 조류센서스를 근거로 제2공항 주변보다 현 제주공항 주변에 조류 개체수가 두 배 많다고 발표했다. (제주공항 144종 52,504마리, 제2공항 계획지구 124종 27,906마리) 이해할 수 없는 결과였다. 겨울 철새 탐조를 위해 제주를 찾는 전문가 대부분이 성산으로 향하는 이유가 있다. 제주제2공항 인근에는 철새도래지들이 모여있어 현 공항보다 조류 충돌위험이 최대 8배 높다는 조사까지 나왔는데, 어떻게 이런 결과가 나왔을까?

황당한 거리 계산 때문이다. 조류 충돌 위험 조사가 공정하려면 같은 거리 기준을 적용해야 한다. 그런데 국토부의 전략환경영향평가 본안 935p를 보면 현 공항 주변 조류 조사 지역으로 무려 38km 떨어져 있는 대정, 하도, 성산까지 포함한 결과를 발표했다. 성산에 새가 많아 조류 충돌 위험성이 높은 것인데, 현 제주공항 데이터에 성산 조류들까지 포함한 것은 상식적으로 이해할 수 없다. 전략환경영향평가 검토기관들은 하도 철새도래지와 8km밖에 떨어지지 않은 제주제2공항 예정지(성산)가 위험하다고 한 바 있다. 국토부는 어떤 근거로 현 공항 조류 조사와 제주제2공항(계획지구) 조류 조사 면적이 이렇게까지 차이 나는지 해명이 필요하다.

〈표 11.1.1-146〉 국내 공항 및 계획지구 주변의 겨울철 조류 동시 센서스 현황(10년간, '12~'21년 자료)

구분		군산공항	김포공항	김해공항	인천공항	제주공항	계획지구
겨울철 조류 동시센서스 10년간('12~'21년)자료	종수	154	120	170	118	144	124
	최대개체수	210,445	54,028	89,340	36,390	52,504	27,906

주) 1. 군산공항 주변 센서스 지역 : 장항 해안, 유부도, 금강하구, 만경강, 옥구저수지, 옥려저수지, 동진강, 조류지
  2. 김포공항 주변 센서스 지역 : 한강하류, 성산-행주, 성산-성수, 안양천
  3. 김해공항 주변 센서스 지역 : 낙동강하구, 낙동강하류, 낙동강(삼랑진-대동)

  5. 제주공항 주변 센서스 지역 : 용담-대정 해안, 화북-성산 해안(함덕-하도 해안)
  6. 계획지구 주변 센서스 지역 : 화북-성산 해안(함덕-하도 해안), 하도, 성산, 성산남원(성산-위미) 해안

국토부 환경영향평가 본안 중
(계획지구=제주제2공항)

조류 충돌 위험에 대한 조사와 대책

성산-하도 권역은 제주에서 유독 많은 새가 서식할 뿐 아니라 일본, 중국, 북한, 동남아 등에서 날아와 서식, 이동하는 새들의 국제공항이다. 주민들이 전문가와 함께 조사한 바에 따르면 인근 표선, 남원에 비해 3~5배나 많은 새가 서식하고 이 새들은 해안-해안, 해안-내륙을 수시로 이동하며 먹이 활동을 하는 것을 확인했다. 성산의 해안은 수심이 깊지 않고, 갈대숲이 우거져 많은 새가 찾는다. 또한 양어장이 모여 있어 먹이를 찾아 많은 새가 모이고 서식한다.

조류 충돌 방지 대책을 세우려면 저감 대책과 조류 보호 대책이 함께 이루어져야 한다. 그런데 국토부 전략환경영향평가에는 대부분 저감 대책만 기술되어 있다. 저감 대책이라는 말은, 죽이거나 쫓아낼 계획의 다른 표현이다. 이는 새들에게 폭력적일 뿐 아니라 지역 주민에게도 폭력적이다. 공항 예정 부지로부터 3km 이내에는 새들을 유인할 수 있는 과수원이나 양식장을 만들 수 없다. 8km 이내는 조류보호지역과 음식물쓰레기 처리장이 없어야 한다.

이렇게 엄격한 저감 대책을 세우려 했다면 새가 가장 많은 성산을 피했어야 했다. 새가 가장 많은 성산에 공항을 세우면서 보호대책이 전혀 없으니 새 입장에서는 웬 날벼락인가?

국토부가 조류의 이동 경로와, 고도 파악을 통해 조류 충돌 위험을 조사하기 위해 새에 위치추적 장치를 부착하여 모니터링 했다고 발표했다. 4개종 10개체의 새를 조사했다고 했는데 샘플링이 터무니없이 적다.

2) 법정보호종 조사와 대책

국토부의 조사에는 법정보호종 조류 목록을 제대로 취합하지도 않았다. 국토부의 조사를 취합해 보면 대략 20종 내외인 것으로 보인다. 조사가 부실하고 성의가 없다. 김예원 씨가 조사 촬영한 법정보호종 조류만 32종이고 성산의 새(지남준 저) 책자에 수록된 8개 보호종을 포함하면 40종이다. (감소) 관심대상종 26종까지 더하면 무려 66종이나 된다. 엄청난 예산을 들여 이렇게 부실한 조사 결과를 내놓은 것이다.

법정보호종 조류 대책으로 두견이와 저어새를 언급했다. 대책은 별로 없고 현황만 나열했다. 시급한 법정보호종이 40종이나 되는데 이에 대한 언급조차 없다.

맹꽁이 조사내용은 있었지만, 대체서식지가 필요하다고만 언급했을 뿐 구체 대안은 없었다. 이미 전국적으로 개발사업을 위해 맹꽁이 대체서식지를 조성하고 추진했던 곳의 결과를 평가한 기사들을 보면 성공 사례가 아주 적다. 구체적인 계획과 관리 모니터링이 없는 상태에서 환경부가 도대체 보고서의 어느 부분을 보고 동의 한 것인지 알 수가 없다.

3) 세계자연유산 용천동굴, 그리고 수산굴

화산섬 제주 땅속에는 많은 동굴이 있다. 그중 일부 구간을 공개하여 많이 알려진 동굴로 만장굴과 미천굴이 있다. 일반인에게 공개되지 않아 생소하겠지만, 월정리의 용천동굴은 2005년 전신주 공사를 하던 중 우연히 발견된 국내 최대규모의 석회동굴이다. 천연기념물 466호이자, 유네스코 세계자연유산으로 등재된 동굴로 지질학적 가치가 높다.

해당 동굴들 모두 제주 동부권에 모여 있는 것을 알 수 있다. 이뿐 아니라 제2공항 예정부지 부근에는 수산굴을 비롯해 모낭굴, 신방굴, 공쟁이굴 등 많은 동굴이 있다. 특히 수산굴은 예정 부지와 3.4km 떨어진 곳에서 시작되어 4.5km나 이어져 제주에서 3번째로 긴 1등급 동굴이다. 예정부지 쪽으로 이어지다 입구가 함몰되어 조사가 중단되었는데 추가 조사가 필요함에도 원희룡 전 제주지사는 동굴조사 요구를 거절했다. 수산굴이 공항 예정부지 안으로 이어졌을 가능성도 있고 가지굴의 유무도 시급히 조사해야 한다.

4) 제주도민 생명수의 시작, 숨골

숨골은 땅속으로 깊이 연결된 틈을 이르는 말이다. 땅이 숨을 쉬는 구멍으로 이해하면 되는데, 곶자왈에서는 깊은 땅속의 온도와 습도를 표면까지 전달하여 4계절 푸르게 이끼류를 유지하는 장본인이기도 하다. 숨골은 곶자왈뿐 아니라 우리 주변 곳곳에서 역할을 하는데, 비가 많이 온 날에는 물이 빠져나가는 통로 역할을 한다. 이는 곧바로 지하수 함양량 증가로 연결된다.

강이 없는 제주는 97% 지하수에 의존하고 있다. 육지는 97% 지표수(강, 하천 등)를 이용하는 것과 대비된다. 제주 도민에게는 생명수와 같은 지하수의 수위가 점차 낮아지고 있다. 지하수 고갈을 막아야 한다는 전문가들의 의견과 기사를 어렵지 않게 찾아볼 수 있다. 숨골은 물난리를 막아주는 역할 뿐 아니라, 제주 도민들의 생명수를 지켜주는 통로이기도 하다.

동굴과 숨골 조사는 문화재적 가치뿐 아니라 공항 건설 시 안전 확보를 위해서도 반드시 선행되어야 한다. 건물과 활주로 아래 동굴과 숨골이 다수 존재한다면 함몰과 건물 붕괴 등 대형참사 우려가 있다. 하지만 국토부의 전략 환경영향 평가에서는 숨골의 가치를 평가절하하는 표현이 있을 뿐 체계적인 보호 대책이 없다.

3장

백 명의 주민, 백 가지 방식

3장 들어가며

거세게 밀어붙이는 국책사업에 맞선 피해지역 주민들의 모습은 마치 계란으로 바위 치기 같았습니다. 여론에서도 밀리고 권력과 자본도 없어 국가권력에 맞서기엔 모든 것이 부족했지만 저마다 지켜야 할 소중한 것이 있기에 그저 행동할 수밖에 없었습니다. 주민들이 각자의 위치에서 자신의 능력을 발휘해 난개발 제2공항을 막기 위해 어떤 노력을 했는지 돌아보았습니다. 그 소중한 힘들이 하나하나 모아져 찬성 70%였던 제2공항 여론을 뒤집고, 불가능할 것 같았던 국가권력의 강행을 막아낼 수 있었습니다. 물론 지난 7년이라는 시간 동안 점차 찬성과 반대의 축이 기울어지고 결국 뒤바뀐 데에는 사라져 간 제주의 풍경도 역할을 했을 것이며, 그것을 추억하고 그리워하는 도민과 여행객들의 바람도 큰 역할을 했을 것입니다. 제주제2공항으로 인해 제주가 망가지고, 삶이 망가진다고 생각하는 사람은 수천, 수만, 아니 헤아릴 수 없을 것입니다. 이들을 단순히 '공항 반대운동'이라고 하는 범주로 묶어버리기에는 모두가 대단하고 위대하고 아름답습니다. 자신이 파괴되는 것 같아 나선 사람, 새와 소통하는 사람, 묵묵히 기록하는 사람, 물밑으로 바삐 움직이는 사람, 앞장서서 소리치는 사람. 저마다가 소중한 것을 지키기 위해 행동한 방식은 다양합니다. 여기 소개한 사람들뿐 아니라 저마다의 위치에서 역할을 해내고 있는 분들이 무수히 많습니다. 이 장에서는 보통의 주민들이 어떻게 국책사업에 맞서게 되었는지 간단히 들여다보려고 합니다.

1. 목숨을 건 단식, 곡기를 끊는다는 것
김경배

▲고향 난산리 입구에서 어머니와 김경배 씨 ⓒ김수오

난개발의 포문이 될 제2공항을 막는 데 모든 것을 걸었던 그는 세 번에 걸친 목숨을 건 단식투쟁 이후 포크레인을 팔아 중장비업을 정리하고 현재 유기농 농사일에 몰두하고 있다. 그러나 여전히 제2공항 얘기만 나오면 눈빛이 달라지고 손에 힘이 들어간다.

"제2공항 못 막으면 성산도 망하고 제주도도 망합니다."

곡기를 끊는다는 것

 하루 이틀을 굶어도 힘이 빠지고, 예민해지기 쉽다. 40일 넘는 단식을 이어갔던 김경배 씨가 그 길고 길었던 시간을 버틸 수 있도록 한 힘이 무엇이었을까? 간절함을 넘어선 결단이 있지 않고서야 사람이 곡기를 끊는다는 것이 가능할 수 있을까? 아무리 공감하려 애써도 그의 심정을 헤아리기엔 턱없이 부족해 보인다.

 무엇이 김경배 씨를 이렇게 극단으로 내몰았을까? 김경배 씨는 제2공항 발표 전까지 포크레인 중장비 일을 하는 평범한 주민이었다. 한가할 때는 오름에 오르고 낚시를 즐기는 소시민이 하루아침에 말 그대로 제2공항 결사반대 투사가 된 것이다.

"그동안 쌓아 올린 삶의 터전이 무너지고 이웃과 함께했던 추억의 공간이 하루아침에 없어진다고 생각하니 아무것도 눈에 들어오지 않더라구요. 말도 안 되는 국가의 폭력이지요. 피해를 보는 주민들의 의견도 물어보지 않고, 오히려 용역 결정 과정에서 문제점이 있었음에도 이를 은폐하고 추진하는 제2공항을 어떻게든 막아야 한다고 생각했어요."

평생 가꿔온 정원이 활주로가 된다면

 난산리 김경배 씨 집에 들어서니 입구부터 큰 돌들로 공간을 디자인한 솜씨가 범상치 않다. 중장비 운전을 하며 남다른 감각으로 집 주변을 꾸며왔던 김경배 씨. 그에게 집과 정원은 단순한 거주 공간을 넘어 특별한 의미가 있는 곳이었다. 넓은 연못과 높이 쌓아 올린 전망대(사람들은 이를 경배오름이라 부른다) 등이 그의 작품이다. 이 정원을 만들고 가꿀 때의 정성과 뿌듯함이 한눈에 느껴진다. 이렇게 정성스레 가꾸고 살아왔던 고향 땅을 떠나야 할 이유가 그에게 설명된 적이 없었다고 한다.

"제2공항을 막아내려고 좌충우돌하다 보니 제주제2공항이 만들어지면 안 되는 이유가 점점 명확해졌어요. 사실들을 알게 되니, 이제는 피해 주민이기 때문이 아니라 엉터리로 강행하는 것을 모른 척할 수 없게 된 거예요. 제2공항이 도민을 위한 개발이 아니라 몇몇 사람들의 이익

▲제주도청 앞에서 시위중인 김경배 씨. ⓒ김수오

을 위해 추진되고 있다는 게 보이더라구요. 그 몇몇을 위해 제주도가 난개발의 위기로 빠져들면 안 되잖아요."

90일 단식의 후유증

김경배 씨는 2017년 11월에 42일, 2018년 겨울 38일, 2019년 12월 10일, 합해서 90일간이나 목숨을 건 단식을 했다. 모든 투쟁의 끝이 '단식'으로 보여지는 것도 경계해야 할 일이고, 꼭 맞는 방식이라고 볼 수도 없다. 그러나, 자신의 단식이 홀로 고향 땅에서 기다릴 어머니 가슴에 대못을 박는 일이어도, 김경배 씨가 할 수 있는 일은 그것밖에 없었고 몸을 던져서라도 물꼬를 터야 했기에 결단했다고 한다. 얼마나 힘겹고 무서웠을까?

"제가 시작한 일이라 말은 못 해도 솔직히 무섭지요. 단식 30일이 지나면서 몸에서 모든 기운이 다 빠져나가고 몸이 지하로 곤두박질치는 느낌이었어요. 누워도 잠이 안 와요. 잠들면 아침에 못 일어나고 그대로 죽어버릴 것 같은 기분도 들고요. 아침마다 여기서 포기하면 안 된다고 남은 힘을 짜내곤 했지요. 개발이란 괴물, 허상, 국가기관에 소리치는 일인데 이대로 끝난다면 아무것도 남지 않는다고 생각했어요. 정말 독하게 버틴 거지요."

20대 초반부터 시작해 잘 나가던 중장비도 단식투쟁하면서 팔아버렸다. 단식에 몸이 상하고, 아무 일도 못 한 채 제2공항 강행을 막고 있는 아들을 보며 어머니는 다시 중장비 일을 하며 평범하게 살아가길 간절히 바라셨다고 한다. 그런 어머니의 마음을 어찌 모르겠는가. 어머니의 걱정대로, 7년간 동분서주하다 보니 몸도 많이 상했을 터. 건강은 어떤지, 지금은 어떻게 살아가고 있는지 물었다. 요즘은 어떤 일로 먹고 사는지 근황도 궁금했다.

"어떻게 후유증이 없겠어요. 여기저기 아프고, 몸이 많이 상했지요. 그렇지만 후회하지는 않아요. 그렇게 퇴로를 버리고 치열하게 싸우지 않았으면 저 사람들 눈도 깜짝하지 않았을 거예요. 지금 보세요. 여론도 반대가 높고 환경부가 환경영향평가를 반려해도 또 하겠다는 얘기가 나오잖아요. 개발의 마력이 그렇게 무서운 겁니다."

농사 일로 검게 탄 김경배 씨의 얼굴은 걱정했던 것보다 활기가 있어 보였다. 단식 후유증에 고생하며 오랜 시간 몸을 추슬러 왔던 그가 활기를 되찾는 모습을 보며 안도하는 마음이 들었다.

유기농 농사에 몰두하며 소중한 자연 실감

"요즘은 유기농으로 농사를 짓고 있어요. 단호박 농사 수확 끝내고 당근, 양파 등 월동 작물 파종 준비하고 있지요. 유기농으로 농사일하다 보니 관행농보다 몸은 고되지만, 보람도 느끼고요. 머리로만 알고 있던 자연이 참 대단하다는 사실을 실감하고 있습니다. 자연과 더불어 살아가야 한다는 것을 책에서 배우는 것이 아니라 온몸으로 배우는 중이지요. 중장비 다룰 때 돈은 더 벌었겠지만, 마음은 오히려 지금이 더 편해요."

누구보다도 격렬하게 제2공항 반대의 중심에서 싸워왔던 김경배 씨는 어떤 제주, 어떤 성산을 꿈꾸고 있을까? 자고 일어나면 풍경이 바뀌어 있는, 너무나도 빠르게 변하는 상황에서 김경배 씨는 어떤 미래를 그리고 있을까?

"옛날로 되돌릴 수는 없겠지요. 꼭 옛날이 모두 정답도 아닐 테고요. 하지만 지금이야말로 무작정 저지르는 난개발을 막고 아직 남아있는 제주의 가치를 지켜야 할 시기라고 생각해요. 제2공항을 막아내고 싸움 과정에서 만난 소중한 분들과 소통하며 자연과 더불어 살 수 있으면 좋겠어요."

격렬한 제2공항 싸움의 중심에서 목숨을 걸고 싸웠던 사람의 소망치고는 소박하다. 이토록 소박한 삶을 위해 목숨을 내걸었던 김경배 씨가 더욱 소중하게 느껴졌다.

2. 새가 놀러온 성산
'생이친구' 김예원

▲람사르 습지 천백고지에서 탐조 활동 설명하는 김예원 씨(오른쪽에서 두번째) ⓒ김하영

어릴 때부터 자연을 좋아해서 산과 바다에서 즐겨 놀다 보니 자연스럽게 새와 친하게 됐다. 처음에는 예쁘고 귀여운 새들에 매료되어 거의 매일 새를 찾아 바다와 오름을 다니며 사진을 찍고, 집에 돌아오면 그날 본 새들을 그림으로 옮겼다. 처음에는 단지 새가 좋아서 자연을 찾아 다녔는데 어느덧 13년, 새들은 김예원의 가장 가까운 친구가 되었다.

새 사진, 새 그림밖에 몰랐던 소녀

학교에서 돌아오면 새들 보러 가는 것이 즐거웠고 주말이면 바다로 들로 향했다. 새들의 가장 가까운 이웃이 되어 함께한 '생이 친구' 김예원의 새 사랑이 이렇게 시작됐다. 작은 디지털카메라 하나 들고 새들의 움직임을 보고 있으면 날이 저무는 줄 몰랐다.

이때부터 김예원 씨의 모든 관심은 새에 맞춰져 있었다. 새 그림을 그리고 새 사진을 찍고 용돈이 생기면 모두 모아 더 좋은 카메라와 렌즈를 구비했다. 멀리 있는 새들을 더 생생하게 찍기 위해.

"어렸을 때부터 새들을 만나면 그렇게 신기하고 좋았어요. 휘파람새의 울음소리는 왜 이리 예쁜지, 하늘을 나는 매는 얼마나 우아한지, 새끼들과 함께 먹이활동 하는 작은 물새 하나하나 소중하지 않은 것이 없어요. 새는 가장 친하고 소중하고, 오늘 봐도 내일 또 보고 싶은 친구가 되었지요."

13년간 한결같은 생이 친구 김예원

이때부터 하도 철새도래지, 시흥-종달 해안가, 두산봉 , 지미봉 등 새가 많이 사는 곳은 김예원 씨의 놀이터가 되었다. 생이(제주어로 '새'를 '생이'라고 한다) 친구가 되어 새의 입장에서 바라보니 안타까운 것이 한두 가지가 아니었다. 초등학교 6학년 때부터 야생동물 구조센터에서 자원봉사를 하며 김예원 씨가 마주한 새들은 위험에 빠져 있었다.

끈끈이에 걸려 사경을 헤매는 황조롱이, 풍력발전기에 날개가 잘린 맹금류들, 낚싯바늘을 삼킨 채 죽어가는 왜가리 등을 보면서 아름다운 새들에게 사람이 가장 위험한 천적임을 알게 됐다. 또한 과도한 개발로 새들의 보금자리가 하나둘 없어지고 새가 위험에 노출되는 것을 보고 대책이 시급함을 실감했다.

"새의 편이 되어 무엇을 해 주고 싶어도 어린 나이에 할 수 있는 일이 거의 없더라고요. 야생동물 보호센터에서 다친 새들을 돌보는 일, 엽서와 컬러링북을 만들어 축제를 찾아다니며 '새들에게 관심을 가져 달라'고 호소하는 일, 플리마켓에서의 피켓 호소 등 새들을 지키기 위해 뭐라도 해보려고 좌충우돌하다 보니 이렇게 단순히 부딪히는 방법만으로는 새를 제대로 지켜줄 수 없겠다는 생각이 들더라고요. 그때부터 전문성과 힘을 키워야 한다는 생각을 많이 했어요."

새들 관찰하고 사진 찍으며 교감을 나누는 기쁨에 빠져 있던 중학교 2학년생 김예원을 충격에 빠트리는 사건이 바로 제주제2공항 성산 입지 발표였다. 김예원 씨가 아끼는 새가 가장 많이 모여 사는 하도 철새도래지와 그 일대가 공항 사정권 안에 들어 있기 때문이다.

사람의 편의를 위해 새들의 도시를 없앤다?

"너무 놀라서 삼일을 밤낮으로 막 울었어요. 시흥리 갈대밭에 수로가 나면서 새들의 삶터가 없어진 것도 속상한데 공항이 생긴다는 것은 그 정도가 아니잖아요. 이곳에 살아가고 있는 새들의 진정한 이야기는 들어보셨나요?"

현재까지 김예원 씨는 '성산 환경을 지키는 사람들' 회원들과 함께 성산읍 부근의 법정보호종 새들과 서식 환경을 기록하며 환경영향평가를 통해 제2공항을 막아내려는 활동을 해 왔다. 새 사랑이 김예원 씨를 제2공항에 반대하게 만든 것이다.

13년간 한결같이 새들과 교감하다 보니 새와 같은 시선으로 자연을 바라볼 수 있게 되었다. 새들을 좋아하는 것을 뛰어 넘어 새 전문가가 되었다. 새의 움직임만 봐도 종류, 습성, 상태를 한눈에 알아본다. 분명 처음엔 작은 애정이었다. 애정이 이어지니 관심이 되고, 관심을 가지니 끊임없이 보게 된다. 마치 우리가 사랑에 빠지는 것처럼. 그렇게 사소한 시작이 지금에 이르렀다. 자신의 주변과, 삶의 현장에서 마주할 수 있는 작은 생명들에게 관심을 두는 것. 그 작은 행동이 큰 변화를 만든다.

새들의 꿈, 김예원의 꿈

2년 전부터 좀 더 체계적인 전문성을 갖추기 위해 유럽이나 캐나다 등의 대학교 조류학과에 들어가려고(국내 대학에는 현재 조류학과가 없다) 준비했지만, 코로나19가 발목을 잡았다. 2년간이나 공부를 하며 코로나가 끝나기를 기다리다 결국 외국 대학의 조류학과 진학을 보류할 수밖에 없었다. 현재는 환경공학과 2학년에 재학 중이다. 조류 전문가가 되기 위한 김예원 씨의 계획은 현재진행형이다.

사람과 새가 공존하는 제주를 꿈꾼다는 23세 청년 김예원 씨는 지금의 제주와 제2공항 사태를 어떻게 보고 있을까?

"저는 생이('새'의 제주어) 친구입니다. 저는 학교를 다니며 친구의 입장에서 생각해 보는 법을 배웠습니다. 이번엔 친구인 새들의 시선으로 보고 말해 보려 합니다.

　제주도는 '우리'가 바다를 힘들게 건너고 맞이하는 첫 땅입니다. 그리고 새로운 곳으로 날아갈 수 있도록 준비할 수 있는 우리 삶의 터입니다. 특히 우리가 자주 머무는 이 동쪽 지역은 갈대밭과 민물과 바닷물로 이루어진 습지가 조성되어 있어 제주도의 다른 지역보다 몸을 숨기기에도 좋고, 먹이활동을 하기에도 좋습니다. 왜 하늘길을 만들려고 하며 하늘에서 살아가는 우리의 이야기를 들으려 하지 않으시나요. 걸음을 멈추고, 고개를 들어 하늘만 잠깐 바라보아도 우리는 이렇게 마주 볼 수 있는데.

　이곳은 어엿한 하나의 도시이자, 새들의 국제공항입니다. 우리는 공존할 수 있어요. 어느 한쪽의 편의를 위해 이곳을 훼손할 수는 없어요."

　생이 친구 김예원 씨가 한국의 새들을 연구하는 모습, 사람과 새가 공존할 수 있는 제주의 미래를 상상해 본다.

3. 그래도 공항은 막아야 한다
제주제2공항 성산읍 반대대책위원장 강원보

▲도민 여론조사를 앞두고 3보1배로 반대를 호소하는 강원보 씨 ©김수오

　몇 개월간 도민사회를 뜨겁게 달궜던 2021년 6월 여론조사에서 결국 도민은 제주제2공항을 반대했다. 6년이 넘는 시간 동안 알려지지 않았던 진실을 도민들에게 알리고, 도내 외 시민사회에 관심 가져달라 외쳐온 노력이 도민의 마음에 전달 된걸까?

　2015년 처음 성산 제2공항이 발표될 때 70% 이상의 도민이 찬성하며 돌이킬 수 없는 사업으로 인식될 때 강원보 씨는 주위 분들을 모아 반대대책위를 꾸렸고 악조건 속에서 대책위원장을 맡았었다.

그래도 공항은 막아야 한다

처음 제주제2공항 입지를 발표했을 때 분위기는 아무도 막을 수 없는 거대한 흐름처럼 느껴졌다. 제주도는 제2공항이 도민들의 숙원사업인 것처럼 포장했고 도민 여론도 찬성이 압도적이었다. 지금처럼 문제점들이 드러난 상황이 아니다 보니 제2공항 반대 여론을 모아낼 구심점이 부족했다. 피해 마을 주민들도 망연자실, 제대로 대응하지 못하고 있었다.

제주제2공항 성산읍 반대대책위(이하 반대대책위) 위원장을 맡아 공항 반대 싸움을 주도했던 강원보 위원장을 소개한다. 어려운 상황에서 피해지역 3개마을(난산, 신산, 수산마을) 주민들이 반대대책위를 만들어 반대운동을 시작한 지 벌써 7년이나 흘렀다.

아직 끝난 것은 아니지만 어렵게 공항의 강행을 막아 왔고 제2공항에 대한 여론도 과반수 찬성으로 바뀌었다. 강원보 위원장을 만나 그간의 과정과 소회를 들어봤다.

"누군가는 꼭 해야 할 일이었기에 나선 것이었지 계산을 할 수 있는 상황이 아니었어요. 처음 반대대책위를 만들었을 때 공항을 찬성하는 사람들이나 일부 도민들이 '보상금을 좀 더 받아내려고 하는 데모꾼들'이라고 우리의 행위를 폄훼하고 진정성을 왜곡하는 일이 많았으니까요. 하지만 길게 보면 성산 제2공항을 막는 일이 4개 피해 마을뿐 아니라 성산과 제주를 살리는 일이라는 확신이 있었기 때문에 그런 왜곡과 불편한 시선들은 신경 쓰지 않았어요. 참 힘겨웠던 시간이 7년이나 흘렀네요."

선두에서 받아낸 비난과 야유

강원보 씨를 가장 힘들게 했던 것은 반대주장에 대한 비난이 아니라, 공항 싸움과 상관없는 온갖 유언비어들이 난무했던 일이다. 성산읍은 개발 이익에 대한 기대감으로 제2공항을 찬성하는 사람들이 압도적으로 많다. 달리 말하면 성산 주민의 70%가 공항 반대의 선두에 서 있는 강원보 위원장을 물어뜯는 상황이 된 것이다. 이 전에는 가깝게 지내던 선후배들이 뒤에서 손가락질하는 상황에서도 옳은 일이라는 확신이 있었기에 의연할 수 있었다.

이렇게 제2공항을 막는 일에 온 힘을 쏟다 보니 집안일에 소홀하게 된 것이 가족들에게 가장 미안하다고 말하는 강원보 씨.

"저는 확신과 책임감으로 일하는 거지만 가족들을 참 힘들게 했어요. 혼자 집안 경제를 책임지면서도 불평 없이 함께해 준 아내에게 미안하고 고맙지요. 아빠로서 애들한테도 미안했고요. 이 싸움이 이렇게 7년 이상 싸움이 길어질 줄 몰랐네요. 막아 냈다 싶으면 다시 살아나는 제2공항의 불씨가 당황스럽기도 합니다."

여론조사 불복, 무엇으로 막을 수 있나

2021년 어렵게 실시한 제2공항 도민 여론조사에서 극적으로 제2공항 반대가 과반이 되었다. 2015년 처음에 찬성이 압도적으로 많았던 것을 6년 만에 극적으로 뒤집은 것이다. 하지만 여론조사 결과 발표 후 제2공항 계속 추진을 선언한 원희룡 전 지사의 결정에 다시 좌절하고 분노했다.

"원희룡 전 지사의 주장이 얼마나 모순덩어리인지 도민들이 다 아실 겁니다. 공항 예정 부지 가까운 동쪽지역은 찬성이 많고 서쪽 지역은 반대의견이 더 많은 것은 대부분 도민이 예상했던 결과입니다. 문제의 핵심은 2015년에는 70% 이상의 도민들이 찬성했던 제2공항을 2021년에는 과반수 도민이 반대하게 됐다는 사실 아닙니까? 성산읍 14개 마을 중 누구나 인정하는 피해 마을은 4개(난산, 신산, 수산, 온평)이고, 나머지 마을은 개발이익에 대한 기대감으로 찬성 의견이 훨씬 많은 것을 모르는 도민이 없는데 말이에요. 명분 없이 성산지역을 따로 조사했다는 사실 자체가 훤히 들여다보이는 꼼수예요.

원희룡 지사는 왜 이렇게 여론에 변화가 생겼는지 먼저 돌아봤어야지요. 2015년 처음 제2

공항 발표했을 때는 제주의 환경문제나, 지구의 환경 위기가 본격화되기 전이니 찬성여론이 높았던 거고요, 시간이 지나면서 제2공항의 문제점이 하나하나 드러나고 물량 위주의 제주 관광에 제주 환경이 망가지면서 민심이 돌아선 겁니다. 이제는 과반수의 도민이 제주도와 국토부에 제2공항을 당장 중단하라고 이야기한 것 아닙니까?"

환경영향평가를 막아내고, 여론조사를 이겨도 다시 살아나는 제2공항 불씨에 이제까지 늘 함께해 주신 마을 주민들에게 미안함이 크다. 오랫동안 수십차례 집회, 시위에 나와 추운 겨울에 아스팔트 위에서 찬바람을 맞으면서도 함께 해 주셨던 70~80대 고령의 어르신들이 이제는 80~90대가 되어간다. 끝날 것 같으면서도 끝나지 않는 현 상황을 설명하기가 너무 속상하다.

"애초에 이 싸움이 어르신들이 원해서 시작된 게 아니잖아요. 하루아침에 정부의 일방적인 발표로 피해지역이 된 것 아닙니까? 제2공항을 막아내 봐야 주민들이 직접 이득을 보는 게 하나도 없는데 어떻게든 막아내야 하는 현실이 참 서글픕니다. 공식적으로 드러난 여론조사 결과까지 왜곡하면 주민들이 행정을 어떻게 신뢰하겠어요? 저는 앞으로 이 어르신들에게 또 반대 시위에 나가자고 부탁해야 하는 상황이 답답해요."

4. 기억하고 기록하기
김현지

▲반대집회에 참석한 김현지 씨 ©김수오

성산 신양리에 사는 청년 김현지 씨의 지역사랑은 남다르다. 조금씩 사라지는 마을의 소중한 것들, 지역의 문화를 담은 책자 NATIVE를 만들었고, 다양한 지역 담론을 담아 성산의 청년들과 함께 소식지 '곱을락'을 만들고 있다. 제주의 가치를 지켜내려는 시민모임 '제주가치'의 공동대표를 맡아 열정적인 행보를 이어가고 있다.

지역을 기록하는 방법

2015년 제주제2공항 발표는 20대 초반의 대학생이던 김현지 씨의 생활을 변화시켰다. 처음에는 막아 낼 수 없는 거대한 흐름, 벽처럼 느껴졌던 제2공항 소용돌이 속에서 김현지 씨가 먼저 생각한 것은 성산에서 사라지는 소중한 것들에 대한 기록이었다.

"난개발로 우리 지역의 소중한 문화와 생태환경이 사라져 가는 것을 실감하며 안타까워하던 차에 제2공항 기사를 접했어요. 큰일 났다 싶더라고요. 공항을 막아 내는 것도 중요하지만 소중한 것들이 더 없어지기 전에 기록하고 정리해야겠다고 생각했어요. 마침 수산리에 사는 절친 고경희 씨와 의기투합하여 책을 만들 수 있었지요."

성산읍의 12개 자연마을을 돌며 자료 수집하고, 인터뷰하고 사진 찍고 좌충우돌하며 편집 작업에 집중했다. 각계각층, 각 마을의 이야기를 고루 실으려 노력했으나 이야기를 균형 있게 다루는 것이 만만한 일은 아니었다. 많은 분의 도움을 받아 NATIVE 편집을 마무리했고 인쇄비용은 크라우드 펀딩을 통해 마련했다.

사라져 가는 성산의 기록 NATIVE와 지역 소식지 곱을락

"경험도 없이 막상 책을 만들려니 어려움도 있었는데 정말 많은 분이 도와주셨어요. 난개발로 성산이 망가지는 것을 걱정하는 사람들이 의외로 많더라고요. 든든했어요. 성산에 대해, 제주에 대해 더 많은 것을 알고 자부심을 가질 수 있는 경험이었지요."

성산 문화를 담은 책자 NATIVE를 1, 2부로 나누어 만들다 보니 소중한 성산의 환경을 지켜야겠다는 생각이 더 또렷해졌다. 성산의 환경과 반대 메시지를 담은 동영상을 만들어 유튜브로 올리기도 하고, 제2공항 반대 도민행동의 홍보를 맡아 활동하기도 했다.

"제2공항 반대 활동을 하다 보니 피해지역 삼촌들이 아는 정보가 별로 없어 답답해하시더라고요. 지역의 현안이나 문제점을 마을 분들과 공유하고 이분들의 이야기를 소개하는 지역 소식지가 필요하다고 생각되어 함께 활동했던 지역 청년들과 의기투합해서 성산지역 소식지 '곱을락'을 만들고 있어요. 처음에는 만드는 것 자체만으로도 의미가 있다는 생각이었는데 6호까지 발간하면서 관심을 갖는 분들도 많아지다 보니, 요즘은 지속성과 내용을 고민 중입니다."

이렇게 지역에 애정을 갖고 성산지역을 변화시키려는 청년들이 많이 있어 성산의 미래가 어둡지만은 않다는 생각이 들었다. 직장에 다니면서 지역 소식지도 만들고 제2공항을 막기 위한 활동도 병행하느라 바쁜 나날을 보내고 있는 김현지 씨는 요즘 무슨 고민을 하고 어떤 미래를 그리고 있을까?

청년 김현지의 새로운 정치실험 '제주가치'

"제주제2공항, 비자림로 등 난개발을 막으려고 뛰다 보니 단순한 반대가 아니라 체계적인 환경의 보전과 합리적인 개발, 제주의 가치를 살리면서 자연과 인간이 상생할 수 있는 길을 찾고 도민들과 공유해야 한다는 생각이 들었어요. 그래서 뜻을 같이하는 분들과 함께 시민 정치조직 '제주가치'를 만들어 공동대표로 활동하고 있습니다."

시민정치조직? 좀 생소했다. 이제까지 정당 이외에 성공했던 정치조직을 들어본 적이 별로 없어서일까? 그동안 제주가치에서는 제주의 미래에 대해 어떤 비전을 가지고 있을지 궁금해졌다.

"이제까지 제주다움 지키기 서명운동, 제주목장 조사와 제주가치 맵핑 등 많은 일을 해 왔지만, 이번 지방선거에서 현실의 벽을 아프게 실감했어요. 장기적으로 우리가 해야 할 일이 정리가 되더라고요. 기후 위기의 시대에 소중한 자연 환경을 지켜야 하는 것이 전 세계의 화두인데 제주도는 관광지라서 그런지 환경 문제에 좀 둔감해요. 전 세계가 기후 위기의 주범인 비행기 안 타기 운동에 동참하는 중인데, 이 좁은 섬에 또 하나의 공항을 만든다는 것 자체가 넌센스지요. 난개발을 막으면서도 도민들이 더불어 잘 살 방법을 만들어 가는 것이 중요할 것 같아요. 이 어려운 일을 정치인에게만 맡길 것이 아니라 도민들이 주도적으로 정치를 하고 문제를 풀어 나가는 방법을 모색하는 중입니다."

변화의 중심에서 제주의 가치를 지키며 희망을 찾아 나서는 청년 김현지의 도전기는 오늘도 계속되고 있다. 인간의 욕심만 채우며 자연을 훼손하는 난개발이 아니라 자연과 인간이 공존하는 해법을 찾는 청년 김현지의 '더불어 사는 제주찾기'는 현재진행형이다.

5. 고향을 지켜야 감귤농사도 짓지요
낭만 농사꾼에서 투사 이장으로, 김형주

▲여론조사를 앞두고 참여독려 피켓팅중인 김형주 씨 ⓒ김수오

2015년 11월 밭에서 귤을 따다 소식을 접한 제주제2공항 소식은 김형주 씨의 생활을 완전히 바꿔 놓았다. 낚시와 색소폰을 즐기던 낭만 농사꾼에서 제2공항 반대 투사로. 마을 이장으로서 동네일도 버거운데 농사에 제2공항 반대 싸움을 이끄는 일까지 정신 없이 뛰다 보니 무리가 생겼다. 과로와 심한 스트레스 때문인지 심장과 콩팥에 악성 물혹이 생겨 어려운 수술을 두 번이나 했다. 다행히 수술 결과가 좋아 많이 회복됐지만 다시 걱정거리가 시작되고 있다. 작년까지 어렵게 싸워 거의 막은 것 같았던 제2공항이 다시 꿈틀대고 있기 때문이다. "다시 힘내서 지켜 내야지요. 농사도 지키고 고향도 지키고"

몸도, 귤밭도 챙기지 못한 한 해

2020년 겨울, 난산리 김형주 씨의 감귤밭에 제2공항 반대 활동을 함께 했던 이웃들이 수확시기를 놓친 감귤을 따내고 있다. 난산리 이장으로 동네일 하랴, 제2공항 막으랴 동분서주하느라 감귤밭 관리를 제대로 하지 못했는데 설상가상으로 몸에 병마가 찾아온 것이다. 5천 평 감귤밭 1년 농사를 통째로 날렸다. 1년 농사는 망쳤어도 달린 귤은 모두 따 내 줘야 내년 농사를 지을 수 있기에 보다 못한 도민들이 각지에서 모인 것이다.

"참 어려운 시기였어요. 이장으로서 마을 일 해야지, 제2공항 막아야지, 한 달 내내 농성, 집회에 다니다 보니 몸에 이상이 생기더라고요. 부천 병원에 가보니 콩팥과 심장에 악성 물혹이 생겼대요, 과로와 스트레스가 원인인 것 같다고 의사가 말하더라구요. 두 달 사이 큰 수술을 두 번이나 했어요. 세상이 무너지는 것 같았죠. 몸을 추스르느라 농사일에 손도 못 대고 망쳤지요."

1년 농사 망친 것이 속상하지만, 얼른 털고 내년 농사를 준비해야 했는데 그것도 못했다. 수확을 놓친 감귤을 따내어 버려야 내년 농사를 기약할 수 있다. 몸과 마음, 하는 일까지 모든 부분에서 과부하가 걸린 것이다. 아무것도 못하고 있는 것을 보고 함께 활동하던 이웃들이 몰려와 일을 거들었다. 30여 명이 며칠 걸려 귤을 다 따냈다. 몸도 마음도 많이 지친 상황에서 이웃들의 도움으로 훈훈하게 다시 농사를 준비할 수 있었다.

2023년 1월 10일 지리한 제2공항 싸움을 다시 하기 위해 청주행 비행기에 몸을 실었다. 비공개로 환경영향평가를 제출한 국토부에 항의하고 환경부에 제대로 된 검증을 요구하기 위해 세종시를 찾은 것이다. 도무지 가만히 있을 수가 없는 상황이라는 김형주 씨. 처음 제2공항을 발표했을 때 어떤 마음으로 반대운동을 시작했을까? 그리고 마을 안 분위기는 어땠을까?

"2015년 난산리 주민들은 그때 찬성과 반대 의견이 비슷했던 것 같아요. 그 당시 제주도에서 공항만 만들면 지역이 엄청 발전할 것처럼 홍보해서 큰돈을 벌 것으로 기대하는 사람들이 많았으니까요. 저는 큰일 났다 싶어서 만나는 사람마다 마을을 지키려면 공항을 막아야 한다고 설득했죠. 반대대책위도 만들고 시간이 지나다 보니 마을 분들도 진실을 조금씩 알게 되면서 반대하는 분들이 늘더라고요."

배려와 정이 공동체를 지키는 힘

난산리는 작고 아담한, 대부분 주민이 농사를 지으며 살아가는 전형적인 농촌이다. 공항 건설 계획에 따르면 마을의 일부분은 공항 부지에 편입되고 나머지는 소음피해가 예상되는 지역이다. 돌담이 아름다운 난산리는 동네 어딜 가도 제주의 모습이 고스란히 남아 있어 더욱 정겹게 느껴진다. 이 아름다운 풍광과 공동체를 지키려면 더 뛰어야 한다고 힘주어 말하는 김형주 씨는 난산리 주민들에게 특히 더 고마웠던 순간이 있다고 했다.

"제2공항을 막기 위해 대책위를 만들었는데 예산이 전혀 없어 난감했어요. 마을 분들에게 투쟁 기금을 모은다고 알렸더니 글쎄 3일 만에 2천만 원이나 모금이 되었어요. 2백 가구도 안 되는 작은 마을에서 공항을 찬성하는 분들 빼면 얼마 안 되겠다고 체념했었는데 의외의 호응이었지요. 나중에 알아보니까 찬성하는 분들도 모금에 참여해 주셨더라고요. 제2공항에 대한 생각은 다르지만 마을을 위해 고생하는 사람들을 위해 돈을 보냈다고 생각하니 정말 고마웠어요. 이런 마음들 때문에 7년이 지나는 동안 공항에 대한 의견이 달라도 끈끈하게 같이 살고 있는 것 같아요. 이런 이웃들과 헤어지지 않고 계속 살고 싶은 것이 지치지 않는 힘의 원동력이기도 합니다."

올해 64세인 김형주 씨 성산읍 반대대책위 활동가 중 적은 나이가 아닌데 참 열심이다. 이제 몸이 많이 회복되었다고는 하지만 다시 시작해야 하는 공항 싸움 과정에서 몸 상하지 말고 건강 유지하며 감귤 농사도 더 잘되기를 바라 본다.

"공항 싸움이 빨리 마무리되었으면 좋겠어요. 햇수로 8년째인데 이제 마을 어르신들에게 제2공항 반대 집회에 가자고 이야기하는 것도 너무 죄송해서 참 큰일입니다. 찬성하는 사람들은 경제가 발전할 거라는 희망을 갖고 있는데, 우리 반대하는 사람들이 지키는 것은 일상이잖아요. 그 일상이 중요하다는 것에 동의하고 동네 어르신들이 찬바람에도 늘 함께 가주신 거지만, 8년째가 되니 한숨이 나기는 하네요. 그래도 소중한 마을을 지키려면 또 힘내야겠지요?"

6. 새 박사가 된 신산리 터줏대감

강석호

▲신산리 앞바다에서 새사진을 찍는 강석호 씨 ©김수오

　77년간 살아온 고향에 대한 애착이 그를 변화시켰을까? 강석호 씨가 성산 앞바다에서 찍어 인화한 새 사진만 2천여 장이다. 누워 있어도 앞바다 새의 움직임이 그려진다고 한다. 그것뿐일까, 제2 공항에 대한 각종 서류가 여러 박스이고 동굴, 소음 등 환경영향평가 관련 사안은 무엇을 물어봐도 막힘이 없다. 무엇이 70대 후반의 그를 이렇게 집념이 가득하도록 만들었을까?

새, 동굴, 소음 서류가 산더미

겨울철 강석호 씨는 새벽에 눈 뜨면 신산리 앞바다에 나가 새 사진을 찍고 신산 앞바다에 서식하는 새를 관찰하는 것으로 하루를 시작한다. 아침 먹고 나면 또 바닷가에 나가 신천리 바닷가에서 신양리까지 이동하는 새들의 움직임을 관찰한다. 집에 오면 그동안 찍어 놓은 새 사진을 분류, 정리하고 또 바다로 향한다. 제주제2공항 활주로 인근 바닷가에 수많은 새가 서식하는 것을 확인하고 이를 정리하는 것은 강석호 씨가 고향을 지키는 방법이다.

그렇게 몇 년간 새에 집중하고 새 사진을 찍다 보니 학위는 없지만 새에 관해서는 반 전문가가 되었다. 눈을 감고 누워 있어도 신산리 앞바다 새의 흐름이 훤히 그려지고 날아가는 새의 모습만 봐도 무슨 새인지 거의 알게 됐다.

"몇 년간 조사한 결과 하도 철새도래지에서 고성오조 철새도래지, 그리고 신양리 바닷가에서 신천리 바닷가까지 바다 전체가 철새도래지라고 할 수 있어요. 제주에서 다른 지역보다 월등히 많은 새가 서식하고 이동한다는 것을 확인할 수 있습니다. 그런데 공항을 만든다는 사람들이 이 내용에는 관심이 없어요. 현재 사용 중인 제주공항이 위험해서, 안전 문제로 제2공항이 필요하다는 사람들이 말이에요. 전문가들이 철새가 없는 시기에 고작 이틀 보고 가서 충돌위험요소가 될 만한 것은 발견되지 않았다고 보고서를 썼더라고요. 전문가 보고서에 그렇게 기록되면, 저 많은 새는 없는 것이 되어버려요. 100미터 이상 높이 나는 새가 없어 충돌위험은 없다고 하더라고요. 매, 말똥가리와 같은 맹금류는 기류를 타고 보이지 않을 만큼 올라가 버리는데 말이에요. 특히 많은 새가 오가는 신산리 포구는 활주로에서 1km밖에 안 떨어진 비행 직선 구간이라서 비행기가 지상 100m 정도 높이로 비행합니다. 그런데 새가 200~300m 높이로 날아다니는 것을 흔히 볼 수 있어요. 국토부 조사가 얼마나 엉터리인지 몰라요. 그것이 제가 두 팔 걷어붙이고 새들을 조사하기 시작한 이유예요."

공무원 정년퇴직을 하고 한라봉 농장을 운영하는 77세의 강석호 씨. 이웃들과 여가를 즐기며 여유로운 노년을 보내던 강석호 씨는 그렇게 전문가가 되어가고 있었다. 고향 신산리는 강석호 씨가 태어나서 한 번도 떠나지 않고 살아온 삶의 터전이다. 어렸을 때, 일주도로가 포장되기 이전 이야기를 해주며 신산에서 성산 읍내까지 걸어서 학교에 다녔던 이야기를 하며 추억에 잠기던 강석호 씨에게 이곳 신산리, 성산읍은 삶의 전부였다.

이 땅이 있어야 하는 이유

"사람만 이 마을 주인이라고 생각하시나요? 저 나무들과 나무 아래 생명들, 새들도 수십 년간 이곳을 지켜온 주인입니다. 그런 시선과 접근이 빠져 있어서 지금 지구에 위기가 온 것 아닙니까? 더 이상 안전하게 살아갈 곳들이 사라져 가는데 돈 좀 더 버는 것이 무슨 의미가 있겠어요? 공항이 생기면 우리는 이곳을 떠나야 하고 고향이 없어지는데요, 그 일을 저질러도 될 만큼 공항이 정당성을 갖고 있지 않아요."

강석호 씨의 단호한 눈빛에서 지난 몇 년간의 고민을 읽을 수 있었다. 전문가들이 질문에 답하지 않고, 제대로 된 조사와 연구를 하지 않는 모습에 실망해 스스로 공부하고 전문가가 되어가고 있는 그는, 새뿐만 아니라 동굴, 숨골, 소음피해 등 환경영향평가에 관련된 분야에도 전문가가 되어 가고 있다.

소음 영향평가에 우리 주민은 빠져있다

"국토부가 제2공항을 추진하려면 소음 관련 주민설명회를 갖고 주민에게 충분한 설명과 함께 주민 동의를 구하는 과정이 필요한데요, 오히려 피해지역을 의도적으로 축소한 정황이 있어요. 현 제주공항의 소음 피해지역이 25.7km²거든요? 그런데 현 공항보다 큰 규모로 설계된 제2공항은 소음 피해지역이 현 공항의 20% 수준인 5km²로 잡혀있어요. 상식적으로 이해가 됩니까? 김포공항, 제주공항에서 적용한 원칙대로 소음피해지역을 적용하면 신양리, 성산리, 고성리, 오조리 뿐 아니라 성산지역 대부분이 소음 피해 예상 지역입니다. 피해지역 주민 숫자가 엄청 늘어나요. 국토부에서 축소 왜곡한 소음 피해 규모를 정확히 다시 밝혀야 합니다."

어찌나 자료검토를 통한 정보가 가득한지, 그 진가는 2023년 3월 도민경청회 자리에서도 발휘되었다. 찬성 측 발언을 맡은 오병관씨가 '사소한 환경문제였기 때문에 환경부는 일찍이 동의했었어야 했는데, 정치권에서 워낙 강하게 압박하니 두 번 보완요청을 하고, 반려를 하는 사태가 온 것'이라고 했다. 이에 발언 기회를 얻은 강석호 씨는 '환경부가 정치적으로 반려한 것이 아니라, 전략 환경영향평가법 17조에 어떠한 상황에서는 반려해야 한다는 법이 있습니다. 그에 따라 반려한 것입니다'라며 사실 왜곡을 짚고 넘어갔다. 성산읍의 미래는 아름다운 자연과 더불어 살아가야만 희망이 있다고 강석호 씨는 강조했다.

"사람만으로는 못사는 겁니다. 새나 곤충들이 역할이 없는 것처럼 보여도 함께 역할을 하며 어우러져야 숲이 유지되거든요. 모두 자연을 주제로 한 다큐멘터리를 볼 때는 감탄하고, 자연의 위대함, 환경을 가꿔가야 하는 중요성을 느끼는 것 같은데, 어느새 다 잊고 다른 삶을 사는 것 같아요. 다들 머리로 알고는 있잖아요. 새가 살지 못하는 환경은 결국 사람도 못 산다는 것을 말이에요."

새와 맹꽁이가 못 사는 곳은 사람도 못 산다

어떤 사람은 '사람이 중요하지, 맹꽁이가 중요하냐'고 말한다. 그것은 너무 핵심을 바라보지 못한 주장이다. 맹꽁이가 사람보다 중요하다는 것이 아니라, 맹꽁이가 살 수 있는 환경이어야 사람도 살 수 있다는 이야기이기 때문이다. 제주농업과 풍광이 제대로 유지되어야 관광도 유지되는데, 지금 제주는 너무 빠른 속도로 사라지고 있다.

"그나마 제주에서 우리 동쪽 지역이 개발이 덜 되어 자연이 살아있는 편인데 제2공항으로 성산마저 도시가 된다면 사람들이 제주에 매력을 느끼겠어요? 돌담, 감귤, 오름, 한라산, 바다, 탁 트인 하늘 등이 제주 매력의 모든 것인데 이를 모두 없애버리면 관광객이 제주를 찾겠어요? 후손들에게 더 이상 죄를 지으면 안 됩니다."

카메라 하나 들고 신산리 바다를 누비며 난개발로부터 제주를 지켜보겠다고 열정을 불태우는 77세 강석호 씨의 염원이 이루어지길 함께 기원한다.

▲조류자료를 검토하고 있는 강석호 씨 ⓒ김광종

▲두번째, '제주, 그대로가 아름다워' 문화제 안내데스크를 지키는 김민주 씨. ©강정민

7. '제주, 그대로가 아름다워'
문화제 기획자, 김민주

　2019년 1월 19일 설문대여성문화센터에서 '제주, 그대로가 아름다워 문화제'가 열렸다. 1부는 각 분야 전문가와 토크쇼, 2부는 음악 공연이었다. 난개발 문제와 제주 환경에 대해 도민들이 알아가고 공감하는 시간이었다. 300여 도민들이 함께 공감하며 공연을 즐겼고 언론에서도 많은 관심을 보였다. 이후 제2공항을 반대하는 동료들과 함께 '그대로가 아름다워 문화제'를 두 번을 더 치러냈다. 문화제의 제목이었던 '제주, 그대로가 아름다워'는 이후에도 제주 난개발 반대 문화행사의 주요 슬로건으로 인용되고 있다. 이를 처음 기획하고 진행했던 김민주 씨는 어떤 생각으로, 어떻게 이 행사를 준비했을까?

공감하고 이해하는 자리

집회 현장 한편에서 조용히 피켓만 들고 앉아있다 돌아가는 김민주 씨의 모습을 종종 볼 수 있었다. 그랬던 그가 어느 날 '제주, 그대로가 아름다워 문화제' 포스터를 들고 동분서주하더니, 다른 사람들과 함께 두 번, 세 번 문화행사를 치러 냈다. 조용히 앉아 피켓만 들던 그가 문화제에 뛰어들게 만든 동력이 무엇이었을까?

"집회를 한 번도 참여해 보지 않은 사람과, 한 번이라도 참여해 본 사람이 이 반대집단을 판단하는 것에는 큰 차이가 있다고 생각해요. 공항 얘기도 조금만 마음 열고 들어보면 그냥 사람 사는 이야기거든요. 그런데 귀 기울이는 한 걸음이 어려운 것 같았어요. 저도 처음엔 집회 현장에서 뭔가 경직되는 느낌이 있었어요. 어디에서 학습된 것인지 몰라도, 무서운 사람들일 것 같다는 편견이 있었나 봐요. 근데 막상 가보니 그냥 동네 이모, 삼촌, 어르신들인 거예요. '아! 만나보고, 들어보는 첫발이 중요하구나'라는걸 느꼈어요. 아무것도 모르는 도민들이 부담 없이 참여하는 문턱이 낮은 행사가 필요할 것 같았어요. 중도에 있는 도민들에게 집회에 나오라고 하는 것은 어려운 일이잖아요. 문턱 낮은 행사. 그게 뭘까 고민 하게 된 거죠."

제2공항 얘기도 사실 우리 모두의 일이고 제주의 가치, 환경의 가치를 넘어 삶의 가치로 이어지는 일이었다. 처음에는 지역(성산)에서 지역 분들 대상으로 작은 토크쇼로 예정했다가 준비 과정에서 점점 커졌다고 한다. 집회에서 토크쇼로, 토크쇼에서 문화제로. 그는 왜 '문화제'의 형태로 메시지를 전하려 했을까?

난개발을 소재로 문화재를?

"집회 형식만 있는 것이 아니라 조금 더 다양한 방법들이 있었으면 했어요. 부드럽고 즐겁게, 더 거칠 수도 있겠고요, 노래로, 시로, 토크쇼로도요. 제2공항을 이야기하는 현장이 다양했으면 좋겠다는 생각에서 준비하게 되었어요. 1부는 도민들에게 가장 알리고 싶은 부분을 토크쇼

형태로 진행했구요, 2부에는 뮤지션들이 저마다 음악으로 제주를 응원하는 것으로 구성을 했어요. 꼭 2공항을 반대한다는 외침이 아니더라도, 음악을 하는 사람은 음악으로 위로를 주면 되는 거니까요. 제목은 좀 길지만, 토크쇼와 음악회를 통해서 전달하고자 하는 핵심 이야기를 담았어요. 제주, 그대로가 아름다워."

토크쇼는 제주 생태관광 이야기를 전문적으로 해줄 고제량 님과 세계적인 과잉 관광의 현실에 관해 이야기 해주실 임영신 님 등 각 분야 전문가를 모셔 알차게 내용을 챙기고, 공연에서는 대중들이 '오, 친구랑 공연 보러 가고 싶다' 할 수 있도록 섭외하고 싶었다고 한다. 1부 토크쇼 패널도 확정되고, 2부 공연도 강산에 와 요조 등 라인업이 짜여지며 문화제의 형태를 갖추고 나자 지역사회에서도 관심을 갖기 시작했다.

"사실 토크쇼 패널은 섭외하고 싶은 분들이 머릿속에 있었어요. 예전에 임영신 님의 과잉 관광(젠트리피케이션) 특강을 들은 적이 있었는데, 베니스나 하와이와 같은 유명 관광도시에 살아가는 주민들 사례를 보여주셨어요. '어떤 관광'이 필요한지, '어떤 제주'일지 고민하고 방향 설정을 해야 한다는 거죠. 토크쇼에 꼭 필요하다고 생각되어 부탁드렸는데 흔쾌히 함께해 주셨어요. 공연팀도 제가 섭외를 했다기보다 '아름다운 제주 환경이 계속되었으면 좋겠다'고 마음이 통한 사람들이 한자리에서 만난 거라고 보시면 됩니다. 사실 연출 경력이나 섭외 비용이 준비된 것도 아니었어요. 뮤지션과 패널분들께 함께해 주시기를 부탁드리는 장문의 편지를 썼는데, 몇몇 분들에게서 긍정적인 회신이 온 거죠. 1부와 2부 라인업이 정해지고 나서부터는 장소를 확정하고 홍보하는 것이 수월해졌던 것 같아요. 기자님과 라디오 PD님들에게서 연락이 오더라고요."

우여곡절 끝에 제주시에 있는 설문대여성문화센터를 대관했다. 1부 토크쇼 진행은 '정치하는 엄마들' 장하나 대표, 패널로는 제주생태관광협회 고제량, 이매진피스 임영신, '육지사는제주사람' 박찬식 대표로 확정됐다. 기후 위기와 제주 환경을 풀어내기에 딱 맞는 라인업이었다. 2부 공연을 책임질 뮤지션으로는, 강산에, 솔가, 양정원, 요조, 최상돈 님이 합류를 약속했다.

문화제의 뼈대는 겨우 완성했는데 문제는 가장 중요한 예산이었다. 출연진, 음향업체, 진행스태프 등이 모두 마음을 모아 최소한의 비용으로 시작할 수 있게 되었지만, 자금이 턱없이 부족했고, 이는 크라우드펀딩을 통해 모금하여 진행했다.

원래 문화기획자가 아니었던 그가 돈 한 푼 없이 문화제를 치러 낼 수 있었던 동력은 어쩌면 간절했던 마음이 아니었을까.

"이왕이면 많은 사람이 관심 가질 수 있도록 판을 키워보자는 욕심에 일을 벌였는데 처음엔 좀 불안했지요. 다행히 많은 분이 관심 가져 주셔서 예산을 만들 수 있었습니다. 모금하면서, 그동안 드러나지 않았을 뿐 전국 곳곳에서 제2공항을 막아내려는 열망이 크다는 것을 느꼈어요."

첫 번째 '그대로가 아름다워 문화제'에 이어 두 번째는 몇 년 동안 제2공항 막아내느라 지친 지역 삼촌들을 초대하여 위로하고 함께 즐기는 프로그램을 만들고 싶었다. 문화기획자 홍민아 씨와 함께 2019년 6월 2일 폐교된 난산초등학교 교정에서 3백여 주민들이 함께 한 가운데 '제주, 그대로가 아름다워' 두 번째 문화제를 열었다. 세 번째 문화제는 시민단체, 주민들과 제주시청 앞 광장에서 사진 전시회와 함께 진행했다.

두 번째, 세 번째 문화제를 사람들과 팀을 이뤄 치러내면서 어디 쉬운 일만 있었을까? 문화기획자여서 시작했던 일이 아니었던 만큼, 이제는 또 다른 모습으로, 다른 방식으로 마을의 이야기를, 제2공항에 대한 이야기를 하고 싶다고 말한다.

▲수산리 팽나무 아래에서. 맨 왼쪽부터 오창현, 97세 외할머니, 오은주, 100세 이모할머니와 함께. ⓒ나종민

8. 온 가족이 반대운동 하는 사연
오창현, 오은주

　최근 몇 년간 제주제2공항 반대 집회나 시위 때마다 늘 선두에 오창현, 오은주 남매가 있었다. 집회 준비에서 전화 연락, 운전, 짐꾼 노릇까지 궂은일 마다하지 않고 현장을 지켜 온 오창현 씨는 수산리에서 농사를 지으며 고향을 지키고 있다. 그의 누나 오은주 씨는 자영업으로 바쁜 상황에서도 제2공항을 막는 일이라면 언제나 팔 걷어붙이고 일해 왔다. 돈 안 되는 일에 5년 이상 앞장서다 보면 지칠 만도 한데 늘 웃는 얼굴이다.

오창현 씨는 수산리 청년회장과 제2공항 반대대책위 사무국장을 맡아 이제까지 7년 간 제주제2공항을 막는 데 앞장서 왔다. 그 과정에서 오창현 씨는 남들이 꺼리는 허드렛일도 마다하지 않고 동분서주했다. 오랜시간 쉬지 않고 달리는 제2공항 반대 열차가 탈 없이 이어진 것에는 집회에 필요한 물건 나르고 사람들에게 연락하고 운전하는 일, 뒷마무리까지 마당쇠 역을 자처한 오창현 씨의 역할이 적지 않아 보였다.

고향 수산리에서 농사를 짓는 오창현 씨가 제2공항 막는 일에 집중하다 보니 정작 본업인 농사일에 차질이 빚어져서 손해를 보기도 했다. 그런데도 물러서지 않고 제2공항을 막기 위해 기를 쓰고 달려드는 이유는 무엇일까? 오창현 씨가 사는 수산리는 제주제2공항의 대표적인 소음피해 마을이다.

교정이 아름다운 학교, 수산초

"수산초등학교는 제주에서 교정이 가장 아름다운 학교라고 자신할 수 있어요. 조선시대 축조된 문화재 수산진성이 학교의 울타리 역할을 대신해 주고, 입구는 아름드리 두 그루 팽나무가 지키고 있지요. 학생들뿐 아니라 지역 주민들의 자랑입니다. 폐교 위기의 모교를 지키기 위해 주민들이 모두 팔을 걷어붙이고 힘을 모아 준 덕분에 학생 수도 늘어나고 학교가 잘 운영되고 있어서 다행입니다."

모교인 수산초등학교뿐 아니라 나고 자란 수산 마을에 대한 애착과 자부심이 대단하다. 고향 수산마을에 대한 애정을 보니, 그가 왜 그렇게 제2공항에 노심초사했는지 짐작이 간다. 이렇게 어릴 적 추억이 가득하고, 자부심의 원천인 고향 수산마을이, 아끼는 수산초등학교가 활주로의 끝에 놓이게 될 것이라는 소식에 많이 놀랐다고 한다.

"저 뒤로는 대수산봉과 왕뫼(대왕산)가 있고요, 위쪽으로는 한못이 있어요. 모두 어렸을 때부터 뛰어놀던 놀이터였어요. 수산진성을 쌓을 때 이야기와 연결되는 진안할망당(신당)까지 뭐 하나 소중하지 않은 게 없습니다. 제주도는 화산섬이라서 큰 연못이 참 귀한데 우리 수산에는 한못 뿐 아니라 연못들이 많아요. 이 습지들과 오름에서 새, 곤충들과 함께 뛰놀며 컸어요. 동네 삼춘들, 친구들, 주변 환경 무엇 하나 소중하지 않은 게 없는데 갑자기 제2공항이라니요."

그의 자랑인 모교 수산초등학교, 아름다운 자연환경이 사라지고 소중한 이웃들과 헤어질 수도 있다는 위기감 때문이었을까? 제2공항을 막기 위해 올인한 사람처럼 궂은 일 마다하지 않고 동분서주했다. 마을에서 집회 한번 하려면 해야 할 일이 참 많다. 세부 계획에서부터, 벽보 붙이기, 홍보, 운전과 행사 준비, 마무리 작업까지. 그 현장들에 묵묵히 행동하는 그가 있었다. 그러다 보니 성산읍 제2공항 반대대책위 사무국장과 수산리 청년회장까지 맡게 되었다.

이뿐 아니라 오창현 씨는 공항을 막는 일이라면 늘 함께하고 있다. 환경영향평가 통과를 막기 위해 '성산 환경을지키는사람들' 회원들과 함께 조류 조사도 함께했다. 제주의 소중한 것을 지키기 위한 시민모임 '제주가치'에서 운영위원으로 활동했고, 성산지역 청년들과 함께 마을신문 '곱을락'을 창간하여 지금까지 발간하고 있다. 좌충우돌, 이렇게 돈 안 되는 일에 풍덩 뛰어드는 힘이 어디에서 나오는 것일까?

공항만 아니면 행복하게 살 자신 있어요

"수산마을의 돌담, 나무, 연못, 오름, 학교 뭐 하나 돈으로 가치를 환산할 수 없는 것들이 많아요. 우리를 이렇게 건강하게 길러준 곳이에요. 땅값이 몇 배 오르고 거금을 준다고 어떻게 공항과 이런 보물들을 바꿀 수 있겠어요. 어떤 사람들은 공항 반대를 하는 우리를 보고 보상금 좀 더 받기 위해 하는 거라고 하는데 보상금은 관심 없어요. 이제까지 우리가 쌓아 올린 지역공동체와 문화, 최고의 생태 환경을 어떻게 돈으로 환산합니까?

관심을 갖고 돌아보니 우리 주위에 귀한 것이 참 많더라고요. 우리 마을에 있는 생물들 하나하나가 모두 보물인 거예요. 비바리뱀, 맹꽁이는 정말 어려서부터 흔하게 봐서 보호종인 줄 몰랐어요. 그런데 비바리뱀이 멸종위기 보호 생물 1급에, 전국에서 유일하게 제주에서만 관찰되는 뱀이라고 하더라고요. 신기했죠. 제가 마을에서 행복하게 자랐던 것처럼 우리 후배들도 행복하게 자랄 권리가 있잖아요. 어른들이 그걸 빼앗으면 안 되지요."

오창현 씨 누나 오은주 씨는 현재 제주시에서 거주 중이다. 주말이면 공동목장, 습지, 마을 답사 등으로 바쁜 나날을 지내고 있다. 사라져가는 제주의 가치들을 많이 알리고 싶다는 오은주 씨. 공항 반대 집회 현장마다 동생 오창현 씨보다 더 열정적으로 뛰어다니는 오은주 씨를 볼 수 있다.

"처음 공항 부지로 성산이 발표된 순간부터 반대하는 이유를 한 번도 의심한 적이 없었어요. 처음에는 수산 마을의 삼촌들과 뿔뿔이 흩어지고 마을이 없어지는 일을 막아야 한다는 생각뿐이었어요. 차차 성산 제2공항을 막는 일이 우리 고향뿐 아니라 제주를 살리는 일이고 나아가 지구환경에도 도움이 되는 일이라는 것을 알게 되었지요. 그동안 일 하랴, 집회도 준비하랴, 선거도 치르랴 몇 가지 일을 한꺼번에 하려니 너무 힘들었는데 후회는 없어요. 이전으로 돌아가도 같은 선택을 할 겁니다."

제2공항을 막으려고 많은 사람을 만나고 공부하다 보니 제2공항뿐 아니라 제주를 파괴하는 난개발들이 눈에 들어왔다. 오은주 씨는 난개발로 제주의 소중한 보물들이 하나하나 사라지고 망가져 가는 것을 사람들에게 알려서 함께 막아내야 한다는 생각에 뜻을 함께하는 사람들과 함께 '제주가치' 공동대표로 활동하고 있다. 제주가치에서는 지난 2022년 지방자치 선거에서 제주제2공항 반대를 내걸고 출마했던 박찬식 도지사 후보를 열심히 지지했었다.

"눈앞의 개발 이익에만 집착하다 보면 정말 중요한 것을 놓칠 수 있다는 것을 제2공항을 통해 실감했어요. 공항만 만들어 놓고 사람이 오지 않으면 더 어려워질 수도 있는데 그건 누가 책임을 지나요? 제주는 제주다움을 유지할 때 가장 가치 있다는 것을 많은 분과 공유해야 한다는 생각에 동의해서 시민정치연대 '제주가치'에 참여해 활동하고 있어요. 막상 활동해 보니 쉽지는 않지만, 누구라도 해야 할 일이라는 생각에 열심히 참여하고 있습니다."

수산마을에서 제2공항 반대 집회를 할 때면 오창현 씨, 오은주 씨 남매뿐 아니라 연로하신 어머니까지 나오셔서 마이크 잡고 울분을 토하신다. 오창현 씨의 아들까지 모두 나왔으니 그야말로 가족 총출동이다. 온 가족이 한 목소리로 외친다. "제발 우리 이대로 살게 내버려 두세요"

4장

성산의 주인

4장 들어가며

　우리가 살아가는 성산은 온갖 새들과 나무, 곤충, 동물, 미생물들이 함께 살아가고 있습니다. 인간도 그중 하나의 생명일 뿐입니다. 제주제2공항 예정 부지 안에 사는 지냉이('지네'의 제주어), 맹꽁이, 개구리, 두견이에서 소나무, 참나무까지 오랫동안, 이 땅을 지키며 살아온 생명체들 모두가 같은 주인입니다. 그런데 인간은 전혀 이를 인정하지 않습니다. 인간만의 이익을 위해 이 땅의 수백 수천만 생명들을 모두 죽이고 활주로와 건물, 도시를 만들어도 된다고 착각합니다. 그리고 인간들은 이를 개발, 발전, 도시화라고 말합니다.

　40여 종의 법정보호종을 비롯해 1백여 종의 조류들이 서식하고 있고, 이 새가 서식하는 오름들에는 수많은 생명체가 상호작용을 하며 공존하고 있습니다. 수많은 숨골과 동굴들이 제2공항 예정 부지 안에 숨 쉬고 있습니다. 이 땅 위의 생명체들이 한목소리로 말합니다. "우리도 이 땅의 주인이다"

1. 새들의 국제공항 성산

제주도는 바다를 힘들게 건너온 새가 쉬어갈 수 있는 쉼터이자, 새로운 곳으로 날아 갈 수 있는 새들의 국제공항이다. 한반도를 비롯해 중국, 러시아에서 일본, 동남아까지 새들은 넓은 바다를 건너와 쉬어 가기도 하고 제주도에서 자리 잡고 살기도 한다. 특히 동쪽 지역은 갈대밭과 습지들이 있어 몸을 숨기기에도 좋고, 쉬어가기에도 적당한 곳이다. 대표적으로 성산과 하도, 종달이 있다.

공항시설법, 또다시 피해가기

공항시설법 56조 5항에 "공항 시설에서 8km 이내에 조류 보호구역이 있으면 이곳에 공항 시설물을 설치하면 안 된다"는 규정이 있다. 국토부는 전략환경 영향평가에서 "하도 철새도래지에서 공항 예정 부지까지의 거리를 8.1km"라고 발표했다. 하지만 제2공항 예정 부지 경계로부터 계산해 보니 7.5km밖에 되지 않았다.

하도 철새도래지 못지않게 많은 새가 모여 사는 (고성) 오조 철새도래지는 예정 부지와의 거리가 4km도 되지 않는다. 철새도래지 중에서도 많은 새가 서식하는 공간이다. 넓은 공간에 성산일출봉이 바람을 막아주어 겨울 철새들에게는 안락한 휴식처가 된 지 오래다. 겨울이면 수천 마리의 새가 이곳에서 쉬고 있는 것을 확인할 수 있다.

'8km 이내에 조류 보호구역이 있으면 공항시설을 설치할 수 없다'는 공항시설법이 충돌위험성과 조류 보호 관리에 목적이 있다면, 공항 예정 부지와 3.68km 떨어진 (고성)오조리 철새도래지 역시 같은 비중으로 검토해야 한다. 수천마리의 새가 날아와 휴식하는 곳을 철새도래지로 '지정'하지 않았다고 해서, 충돌 위험성이 사라지는 것이 아니기 때문이다.

그리고 신산리 부두와 활주로의 거리는 1.11km이다. 게다가 비행기 출도착 방향과 일치한다. 이 구간 비행기 고도가 100m 내외인데, 국토부는 해당 지역 조사 결과 높이 나는 새가 없기 때문에 공항을 만들어도 안전하다고 발표했다. 그러나 해당 지역에서 100~200m 상공으로 날아다니는 새들을 흔히 볼 수 있다.

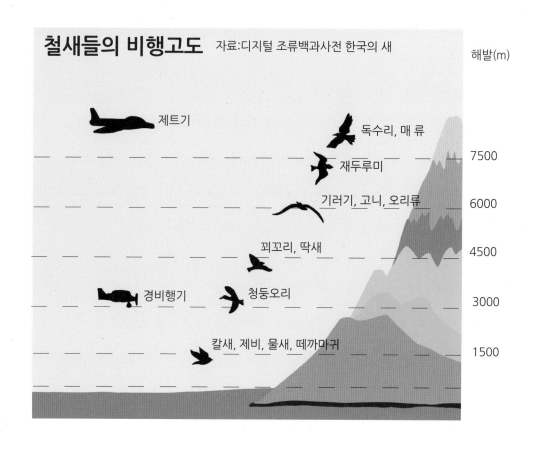

▲신산 앞바다 갈메기떼 ⓒ강석호

1) 유난히 많은 새가 서식하는 성산

'성산환경을지키는사람들'은 총 4차례에 걸쳐 전문가와 함께 성산읍을 비롯해 인근 표선면, 남원읍까지 조류 조사를 실시했다. 네 차례 모두 확인한 것은 성산읍이 인근 표선이나 남원에 비해 새가 월등히 많다는 사실이다. 2차 전문가 조사 때, 성산에서 조류 1만 8,900마리를 발견했고, 표선면은 4천, 남원읍은 7천여 마리의 새가 발견되었다. 비교가 불가능할 정도로 큰 차이가 난다. 3차 조사에서도 성산이 다른 지역에 비해 새의 개체수가 월등히 많다는 사실을 확인했다.

제주도에 몇 되지 않는 대규모 철새도래지가 성산 인근에는 고성오조 철새도래지와 하도 철새도래지 2곳이 있고 하도와 고성오조 사이 바닷가에 많은 새가 서식한다. 다른 지역보다 양식장과 갈대밭이 많고, 수심이 얕아 새들의 먹이활동이 쉽기 때문에 더 많은 새가 모이는 것으로 보인다.

성산읍 남동부 해안인 신천리부터 신양리까지는 신산리 주민 강석호 씨가 주로 조사, 촬영했다. 이곳 또한 많은 새가 서식하는 것을 확인했다. 특히 신산리항 부근은 제주제2공항 예정 부지 활주로에서 불과 100여m밖에 떨어져 있지 않아 이 곳에서 높이 나는 새들은 조류 충돌 위험 때문에 예민한 곳이다. 조류 전문가들도 제주도 읍면 단위 지역 중 성산읍에 더 많은 새가 서식하고 이동한다고 말하고 있다. 새가 많고 이동이 잦으면 조류 충돌 위험이 높아지는데 제2공항 입지 선정할 때 고려하지 않았다.

가마우지는 최근 몇 년간 개체수가 가장 많이 늘어난 새다. 바닷가에서 가마우지 떼가 수십 마리, 백여 마리 이상 무리 지어 날아다니는 것을 종종 볼 수 있다. 가마우지는 이동 중 아주 높이 날아다닌다. 조류 충돌 위험 검토시에 가마우지의 개체수 급증에 따른 위험 요소를 검토해야 한다.

2) 수시로 해안-내륙을 이동하는 새들

2019년 국토부의 전략환경영향평가를 보면 새가 해안에서 내륙, 다른 해안으로 이동이 많지 않아 비행기-조류 충돌 위험이 적다고 발표했다. 사실과 전혀 다르다.

'성산환경을지키는 사람들' 회원들이 조사한 결과 새가 해안에서 내륙으로, 해안에서 다른 해안으로 수시로 옮겨 다니며 먹이활동을 했으며 그 활동량이 굉장히 넓은 것을 확인했다. 신천리에서 발견된 새 떼들이 30여 분 후에는 신산리 해안에서 발견됐고, 시간이 좀 지나면 신양리 바다에서 발견됐다. 오전에 하도 철새도래지에서 발견된 H54 가락지 표식 저어새가 오후엔 고성오조 철새도래지에서 발견됐다. 성읍저수지에서 350여 마리의 오리를 발견했고 중산간 지역에 위치한 수산 연못 찍구물에서 200여 마리의 오리를 발견했는데, 이 새들은 바다와 내륙을 수시로 이동하며 먹이활동을 했다.

두산봉에 서식하는 매 가족들은 대왕산, 대수산봉 등 인근 오름 사이를 수시로 왕래하며 먹이활동을 한다. 눈이 좋기로 유명한 매는 200~300m 이상 높이 날며 사냥감을 찾는다. 먹잇감을 발견하면 수직 낙하하여 사냥을 마무리한다. 계획대로 공항이 생길 경우 비행기가 대왕산, 두산봉 위 100m~200m 상공을 날게 되는데, 매와 비행기의 비행경로가 겹치게 되는 셈이다.

3) 대체서식지 가능하지 않다

국토부는 전략환경영향평가 수정안에서 대체서식지를 마련하여 문제점을 해결할 수 있다고 주장했다. 터무니없는 억지 주장이다. 긴꼬리딱새와 팔색조가 만족할 만한 서식지의 인공 조성이 가능하다면 이는 온 세계의 이목이 집중될 일이다. 멸종위기종, 법정보호종의 대체서식지가 가능하다면 뜬구름 잡는 수식어가 아니라 구체적인 대안을 내놓고 검증받아야 한다. 구체적이지 않은 서식지 주장은 계획이 없는 것과 마찬가지다.

4) '조류사냥'의 다른 말, '저감 대책'

토론회에서 국토부는 조류 충돌에 대비해 안전대책을 갖고 있다고 답변했다. 그러나 자세한 설명은 생략한다. 조류 충돌을 막는 가장 안전한 방법은 조류 이동이 잦은 곳을 피하는 것이다. 그러나 제주 전역을 통틀어 조류가 가장 많은 곳으로 공항 입지를 선정했다. 만약 공항이 생기게 된다면 어떻게 안전을 지킬 것인가. 대한항공 사이트에서는 조류 충돌 방지를 위해 '공포탄으로 쫓아내거나 엽총으로 직접 포획한다'고 안내되어 있다. 안전하게 공생할 수 있는 대안은 없다. 그들의 방지대책은 새가 가장 많은 곳으로 들어와 모두 쫓아내거나 죽이겠다는 주장, 그 이상도 이하도 아니다.

5) 법정보호종 조류만 40종, 생태계의 보고 성산읍

 김예원 씨가 지난 10여 년 동안 조사하고 촬영한 법정보호종(천연기념물, 멸종위기종 포함)과 '성산환경을 지키는 사람들' 회원들이 관찰한 법정보호종 조류가 32종에 이른다. 여기에 고방오리, 칡때까치 등 26종의 관심 대상(감소) 종까지 포함하면 58종이다. 또한 김예원 씨가 발견하지 못했지만 지남준 씨의 화보집 '성산포의 새'에서 확인한 법정보호종 조류가 흑기러기, 고니, 호사비오리, 벌매, 흰꼬리수리, 개구리매, 알락꼬리마도요 등 8종이나 된다. 이를 합하면 성산에서 발견된 법정보호종만 40종이고 관심대상(감소) 종까지 합하면 66종이다. (법정보호종과 감소종 목록표 308페이지)

 이 법정보호종 조류들은 사는 곳도 제각각이다. 저어새, 원앙, 황새 등 해안에서 발견한 새들도 있고, 오름에서 발견한 매, 두견이, 말똥가리, 갈대밭에서 발견한 알락개구리매 등 서식하는 곳도 제각각이다.

 미국 시카고에서 파이핑 플로버라는 희귀 새 가족 때문에 수만 명이 모이는 대형 축제를 취소했던 사례를 보면 시사하는 바가 크다. 보호종 조류 한 쌍 때문에 오랜 전통의 축제를 포기하여 금전적인 손해를 감수한다는 것, 쉽지 않은 결정이었을 것이다. 하지만 원칙을 지키고 자연과 더불어 살아가려는 마음이 모여 일어난 이 사건은 많은 사람에게 감동을 주었다.

 국토부는 똑같은 질문을 엄중하게 받아들여야 한다. 40종의 법정보호종 조류를 어떻게 보호할 것인가?

희귀새 일가족 때문에 시카고 대형 음악 축제 취소(연합뉴스) 2019.7.22

매년 여름 미국 시카고 도심 미시간호변에서 개최돼온 대형 뮤직 페스티벌 2019 행사가 '희귀새 일가족' 때문에 돌연 취소됐다.

일렉트로닉 댄스 뮤직 페스티벌 '맴비 온 더 비치'(Mamby On The Beach) 조직위원회는 다음달 23일과 24일(현지시간) 양일간 시카고

도심 인근 몬트로즈 비치에서 열릴 예정이던 2019 행사를 한 달 앞두고 "통제 불가능한 상황 발생"을 이유로 일정 취소를 발표했다. 시카고 언론은 "1950년대 이후 시카고 지역에서 볼 수 없었던 파이핑 플로버(Great Lakes Piping Plover) 한 쌍이 지난 6월부터 몬트로즈 비치에 둥지를 짓고 알을 낳았으며, 지난 17일과 18일 새끼 세 마리가 부화했다"고 페스티벌 취소 배경을 전했다. 파이핑 플로버는 미국 연방 당국이 멸종 위기종으로 지정한 조류로, 시카고 일원에서 알이 부화한 것은 60여년 만에 처음 있는 일이다. '맴비 온 더 비치'는 하루 약 2만여 명의 음악 팬이 모이는 대형 여름 페스티벌이다. 올해는 트로이 시반, 플라잉 로터스, 산티골드, 브록햄튼 등 40여 팀이 참가 예정이었다. 조직위는 모든 입장권을 5~10일 내 환불 조치하겠다고 밝혔다.

2. 맹꽁이와 비바리뱀

조사하지 않아도 흔하게 접했던 맹꽁이

2019년 국토부에서 전략환경영향평가를 제출했을 때 '맹꽁이가 제주제2공항 예정 부지에는 없고 예정지에서 200m 떨어진 곳에서 발견했다'고 발표했다(맹꽁이는 멸종위기 야생동물 1급이다). 주민들이 2019년 장마철에 예정 부지에 나가보니 예정 부지 곳곳에서 수십 마리씩 맹꽁이들이 떼 지어 울고 있었다. 이후 매해 장마철마다 제

2공항 예정 부지와 예정 부지 부근에 맹꽁이가 우는 것을 확인했다.

왜 이런 결과가 나왔을까? 맹꽁이는 번식을 위해 짝짓기를 해야 하는 장마철에 집중적으로 울고 짝짓기가 끝나면 맹꽁이 우는 소리를 듣기가 어렵다. 장마철에 집중적으로 조사를 해야 했는데 국토부 용역팀이 제대로 조사하지 않았던 것이다. 시끄러울 정도로 울음소리를 들을 수 있는 장마철에 조사하지 않고, 땅속에서 겨울잠을 자는 시기에 조사하고 갔다면, 이는 전문성이 없거나, 제대로 조사를 할 생각이 없다고 봐야 한다. '성산 환경을지키는 사람들' 회원들이 맹꽁이를 발견하여 반박하자 다음 전략환경영향평가 때는 '맹꽁이가 몇 마리 있는데 대체서식지 이전이 가능하다'고 발표했다. 2020년 장마철에 다시 제주제2공항 예정 부지 조사에서 4곳의 습지, 연못에서 맹꽁이 소리를 녹음했으며, 그중 예정 부지인 황토마을 펜션 옆 습지에서는 귀가 아플 정도의 맹꽁이 대합창을 녹음하기도 했다. 2022년 두 차례에 걸쳐 제2공항 예정 부지인 난산리 445-2번지 부근, 온평리 황토마을 펜션 부근에 맹꽁이가 우는 것을 확인했다.

이 많은 맹꽁이를 어떻게, 어디로 옮길 것인지, 어떤 조건의 대체서식지를 어떻게 만들 계획인지 구체 계획이 없다. 만약 구체적이고 과학적인 대체서식지 방법을 제시하지 못한다면 국토부의 주장은 허구에 불과하다.

비바리뱀 ©강석

1급 멸종위기 야생동물 비바리뱀

　또한 수산1리에 거주하는 오창현 씨가 비바리뱀을 발견했으며 신산리 강석호 씨는 공항 예정 부지를 비롯한 성산지역 여러 곳에서 비바리뱀을 발견, 촬영했다. 비바리뱀은 멸종위기 야생생물 1급으로 보호되고 있으며 우리나라에서는 제주도에서만 발견된다. 국토부의 전략환경영향평가에서는 '문헌자료'로 확인한 바 있다고 언급했을 뿐 조사와 대책은 없다. 양서류 특성상 5~8월경 조사했다면 비바리뱀과 맹꽁이를 발견하고 대책을 세울 수 있었을 것이다. 제대로 조사할 의지가 없었던 것으로 보인다.

3. 오름 이야기

성산읍에는 궁대오름, 남산봉, 낭끼오름, 돌미, 독자봉, 통오름, 뒤굽은이, 말미오름(두산봉), 모구리오름, 바우오름, 본지오름, 나시리오름, 유건에오름, 성산(일출봉), 왕뫼(대왕산), 족은왕뫼, 큰물뫼(대수산봉), 족은물뫼 등 18개의 오름이 있다. 제주제2공항 건설로 인해 피해가 예상되는 오름이 많고, 모든 오름이 독립적이고 저마다의 가치가 있지만 이 중 직접적으로 제2공항 영향권에 있는 큰물뫼(대수산봉), 말미오름(두산봉), 독자봉, 왕뫼(대왕산), 성산일출봉 등 5개 오름을 소개한다.

성산일대 ⓒ김수오

하나. 말미오름(두산봉)

지질학상으로 가치가 높은 이중 분화 화산, 매가 살던 오름

성산읍 시흥리 2661번지에 위치하며 표고 145,9m이다. 말미오름은 분화구 내부에 분석구를 가진 이중식 화산이라는 점, 측면에 발달한 층리를 가진 점으로 미루어 처음 수중 분화로 형성된 기생 화산인 것으로 추정된다. 측면에는 바위 벼랑이 둘러싸여 있다. 이 암벽은 층리가 발달하여 지질학의 좋은 관찰 대상이다. 북동쪽에 '매모르'라는 언덕이 있다. 매가 자주 앉았다 해서 생긴 이름이다. 예전부터 이곳에 매가 많이 서식했음을 확인할 수 있다. (김종철 저서 오름나그네에서)

올렛길 1코스의 시작점인 말미오름은 다른 오름에 비해 구간별로 다양한 볼거리가 있다. 산책로 초입 계단을 한참 오르다 보면 산새 소리와 함께 야생화, 곤충들이 반겨준다. 10여 분 지나 숨이 찰 때 쯤 되면 바위 절벽 아래로 넓은 들판이 펼쳐진다. 맑은 바다와 우도, 일출봉, 지미봉, 식산봉까지 한눈에 보인다. 시원한 바람과 빼어난 절경에 심심치 않게 말미오름 상공을 우아하게 비행하는 매를 관찰할 수 있다. 오름의 동쪽에서 올려다보는 바위 절벽은 바다가 있던 시절 파도로 인해 생긴 절벽으로 수성 화산의 특징이 만들어 낸 절경이다.

말미오름 긴꼬리딱새 ⓒ김

말미오름 매 ©김예원

말마오름 매 ©김예원

매와 긴꼬리딱새 번식 유력

2020년 6월 말미오름 탐조 활동 중 하늘을 나는 3~5마리의 어미 매와 유조가 여러 차례 관측되었고, 동시간에 숲속에서 매 유조의 울음소리가 들렸다. 매가 말미오름에서 번식하며 터를 잡고 살고 있는 것을 확인한 것이다. 1995년 발행된 오름나그네 에서도 이곳을 '매들의 언덕(매모르)'이라 소개 한 바 있다. 두산봉에서 자주 발견된 매의 비행이 우연은 아니다. 매가 말미오름에 둥지를 틀고 번식하며 살고 있다는 사실은 중요한 의미가 있다.

2020년 8월 29일 '성산환경을지키는사람들' 회원 7명은 말미오름에서 긴꼬리딱새 유조 2마리와 암수컷 성조를 발견하고 촬영했다. 늦여름에 유조와 어미 새들을 함께 발견했다는 것은 긴꼬리딱새도 말미오름 부근에서 번식하고 있음을 암시한다.

말미오름 동쪽 정상에서 북쪽으로 내려가면 오름에서는 보기 드문 연못이 나타난다. 겨울철 건기를 제외하면 물의 양도 많아 연못 옆에 잠시만 있어도 많은 새와 동물들이 다녀간다. 물도 마시고 먹이활동을 하며 머무는 것을 볼 수 있다. 오름 위의 습지는 큰 자산이다.

말미오름은 제주제2공항 예정활주로에서 5.8km 정도 거리에 있는데 비행기의 출도착 방향과 일치한다. 비행기가 말미오름 바로 위로 날아다니게 된다는 뜻이다. 김예원 씨가 오랜 시간 관찰한 바에 의하면 말미오름에 서식하는 맹금류들은 말미오름 위를 수시로 비행할 뿐 아니라 주위의 왕뫼(대왕산), 대수산봉 등 주위의 오름들을 오가며 사냥과 먹이활동을 하는 것을 확인했다. 이때 맹금류의 특성상 200~300m 상공 위로 높이 날아올랐다가 급하강하는 것을 반복하게 된다. 말미오름의 높이가 145m인데, 매들은 오름의 정상에서 봐도 아주 작은 점으로 보일 정도로 높이 나는 것을 여러 번 확인했다.

활주로 비행 방향과 일치, 조류 충돌과 생태 훼손 위험성 높아

말미오름의 높이 145m를 더하면 매가 해발 300~400m의 높이로 비행한다는 것을 의미한다. 제2공항 활주로와 말미오름의 거리가 5.8km임을 감안해 계산하면 말미오름 위의 진입표면(그 안에는 장애물이 있으면 안 되는 경계)은 184m(130m+활주로 표고 54m)이다.

말미오름이 비행기 예상 고도에 직접 걸리지는 않지만, 말미오름 상공 200~300m 이상 나는 매의 경우 당연히 비행기와의 충돌이 우려된다. 말미오름을 선회하는 맹금류들이 비행기 예상 고도보다 높이 날고 있다. 조류 충돌 위험이 없다는 국토부의 조사가 맞지 않는다.

또한 말미오름에서 서식하던 긴꼬리딱새를 비롯해 수많은 새도 비행기 소음과 충돌 위험으로 이곳에서 살기 어려워질 것이다. 아름다운 성산의 명소, 올렛길 1코스의 시작점 말미오름에서 매와 긴꼬리딱새가 사라지고 새소리, 풀벌레 소리 대신 비행기 소음만 듣게 될 것을 의미한다.

둘. 큰물뫼(대수산봉)

빼어난 경관과 산책로, 동부지역을 대표하는 오름

행정구역상 고성, 수산, 온평리의 경계에 걸쳐진 대수산봉은 일주도로에서 약 500M 떨어진 거리에 있다. 표고 137.4m. 예전에는 이름난 방목지로 알려진 초지였다지만 지금은 소나무, 삼나무 등이 빽빽이 들어차 있다. 원래 물뫼(물미)라 했던 것이 동쪽에 이웃한 족은물뫼(소수산봉)와 구분하여 큰물뫼(큰물미)라 부르게 되었다. 수산마을의 본디 이름도 물뫼였다니 마을의 형성과 이 오름과 깊은 인연을 엿보게 한다. 산 위는 펑퍼짐한 풀밭 산마루가 100여m 이어지고 중간쯤에는 둘레 300보 남짓의 얕은 굼부리가 그 형태를 유지하고 있다. (김종철 저서 오름나그네에서)

큰물뫼는 주차장 시설이 갖춰진 동쪽 산책로와 왼쪽으로 돌아 남서, 서쪽으로 올라가는 산책로가 있다. 동쪽 산책로는 많은 사람이 이용하는 길이다. 동쪽으로는 일출봉, 우도, 섭지코지, 식산봉과 마을들이 아름답게 보이고 북쪽으로는 대왕산, 두산봉, 지미봉을 비롯한 오름 군락이 넓은 들과 함께 어우러져 있다. 한 번 오르면 지역 주민들이 많이 오르고 즐겨 찾는 이유를 알게 된다.

대체 불가한 큰물뫼의 생태환경

큰물뫼는 산세가 우거지고 큰 나무들이 많아 주민들이 즐겨 오를 뿐 아니라 새를 비롯한 생물들이 많이 살고 있다. 큰물뫼는 2019년 6월 주민들이 조류전문가 주용기 교수의 권유로 새 조사를 시작한 이후 가장 많이, 자주 오르며 조사하던 오름이다. 2020년 10월 지역주민들이 조류 조사차 큰물뫼에 갔을 때 법정보호종인 팔색조의 기계음을 들려주자 잠시 후 팔색조가 울음으로 화답했고 긴꼬리딱새 기계음을 들려주자 바로 긴꼬리딱새가 날아와 모습을 보여줬다.

오름의 생태가 활성화 되어있지 않으면 불가능한 신기하고 기적 같은 순간이었다. 이 외에도 환경단체 탐조팀과 주민들이 큰물뫼에서 팔색조, 긴꼬리딱새, 두견이의 울음소리를 여러 차례 듣고 녹음했다. 2020년 5월 7일 나일무어스 박사와 함께한 4차

조사에서는 검은멧새, 솔부엉이 등 많은 새가 관측되었다.

제주제2공항이 큰물뫼 생태에 미치는 영향

처음 제2공항 예정지가 결정되었을 때 보고서에 공항 건설 시 큰물뫼 일부분을 절개해야 하는 것으로 발표했었다. 이후 이에 대한 주민들과 환경단체들의 항의와 문제 제기가 이어지자, 국토부는 아무 설명 없이 오름 훼손 없도록 변경했다고 발표했다. 이렇게 간단히, 특별한 훼손 없는 방법이 나오는 것이었다면 왜 처음부터 오름을 절개해야 한다고 발표했던 것일까? 아직도 의문이 풀리지 않고 이해할 수 없는 대목이다. 실제로 공항 예정 부지 모서리에서 큰물뫼까지 거리가 300m밖에 되지 않는다.

국토부 해명대로 큰물뫼 일부 절개를 피하더라도 오름 일부 절단을 고려할 정도로 바로 오름 코앞에 공항이 조성되면 소음, 공해의 피해를 피할 수 없다. 단순한 피해가 아니라 이곳에서 발견된 팔색조, 긴꼬리딱새, 두견이, 솔부엉이, 검은멧새를 비롯한 수많은 새가 더 이상 큰물뫼에서 살 수 없는 환경이 된다는 뜻이다. 또한 말미오름에서 큰물뫼를 오가며 먹이활동을 하는 매, 황조롱이 등 맹금류들은 높이 날아오르는 습성을 갖고 있다.

큰물뫼 긴꼬리딱새 ©김예원

큰물뫼 노루 ©김예

큰물뫼 황금새 ©김예

셋. 독자봉

오름 한 바퀴 돌아 굼부리 안에 쾌적한 휴식 공간

신산마을 일주도로에서 성읍민속마을 방면으로 2km 정도 올라가면 표고 159.3m 독자봉이 있다. 독자봉에는 조선시대 봉수대가 있어 마을 사람들은 독자망, 망오름이라고도 불렀다. 마을 사람들의 말로는 매끈한 풀밭이었다고 하나 지금은 나무들이 오름 전체를 뒤덮고 있다. 굼부리 안에는 소나무. 삼나무, 편백나무 등이 빽빽이 자라고 있으며 무덤 몇이 들어앉았다. (김종철 저서 오름나그네에서)

오른쪽 산허리로 한 바퀴 도는 길은 주민들이 많이 이용하는 산책길이다. 반 바퀴 돌아 오름 남쪽에 다다르면 큰 나무들이 숲을 이뤄 많은 새소리를 들으며 걸을 수 있다. 굼부리 안으로 들어가면 아름드리 편백나무와 삼나무가 우거져 있고 앉아서 쉴 수 있는 공간이 있다. 잠시 앉아 있으면 새소리가 나그네를 반긴다.

정상 방향으로 8~10분 정도 오르면 작은 전망대가 나온다. 대수산봉, 우도, 성산일출봉, 섭지코지가 한눈에 보인다. 난산 입구 기상관측소에서 수산봉 좌측으로 넓게 펼쳐진 들판이 보이는데 이곳이 제주제2공항 예정 부지이다. 조금 더 오르면 봉수대 터가 보인다. 이곳 봉수는 북동쪽의 수산봉수, 서쪽은 남산봉수와 교신했다. 표고 159m로 그리 높지 않은 오름으로, 인근 주민들이 문턱이 낮은 산책코스로 많이 이용한다.

소음피해가 가장 심한 독자봉, 새들도 살 수 없다

공항 예정 부지 부근에 위치하여 대표적인 소음피해 예상 지역인 독자봉도 새가 많이 관측되는 오름이다. 솔부엉이, 긴꼬리딱새, 두견이 등의 보호종 새들을 관측했다. 특히 숲이 우거지고 큰 나무가 많은 남쪽 방면 숲과 굼부리 안쪽에 더 많은 새가 서식한다.

또한 여름철 독자봉을 찾았을 때, 참나무 하나에서 사슴벌레와 풍뎅이가 떼로 모여 먹이활동을 하는 것이 종종 관측될 정도로 활기찬 생태계의 모습이었다.

독자봉 넓적사슴벌레와 풍뎅이 ©김민

독자봉 호랑지빠귀 ©김ㅇ

독자봉이 공항 예정 부지 안에 들어가지는 않지만, 예정 부지 끝에서 2km밖에 떨어지지 않은 아주 근접한 오름이다. 독자봉이 속한 신산리는 소음피해가 가장 클 것으로 예상되는 마을이다.

사람은 주택에 이중창을 달아 소음을 최소화할 수 있지만 새들은 다른 곳으로 피하지 않으면 극도의 소음피해와 위험 때문에 이곳에 살 수가 없다. 작은 소리에도 예민한 새들과 동물들의 보금자리를 빼앗는 것이다.

넷. 왕뫼(대왕산)

날것 그대로의 자연 산책로, 낙엽 소리와 새소리 들으며 산책

중산간 마을 수산리와 해안마을 시흥리 사이에 펼쳐진 드넓은 벌판에 이웃한 두 나직한 오름이 왕뫼와 작은왕뫼이다. 왕뫼는 대수산봉, 말미오름 등에 비해 덜 알려진, 한적한 오름이다. 낙엽과 솔잎을 밟으며 걷는 자연 그대로의 맛이 있다. 산책로 초입에는 아름드리 소나무와 참나무, 가시나무 등이 어우러져 깊은 숲을 이루고 있고 좀 지나면 삼나무 숲이 이어진다. 산책로가 그리 길지는 않다. 정상에는 산불 초소가 있고 성산일출봉에서부터 대수산봉까지, 동쪽, 동남쪽 조망이 시원하게 펼쳐져 있다.

왕뫼의 새와 생태

지난 6월 시민단체와 전문가들이 함께한 합동 조사에서 제주의 전문가 강창완 씨와 시민단체 회원들이 함께한 탐조팀은 왕뫼에서 팔색조와 긴꼬리딱새의 둥지를 발견했다. 둥지를 발견했다는 것은 단순서식지가 아니라 왕뫼에서 팔색조와 긴꼬리딱새 번식지이자 서식지임을 확인할 수 있는 중요 단서다.

그런데 국토부의 전략환경영향평가 어디에도 왕뫼의 생태조사 기록이 없다. 제대로 조사를 하지 않은 것으로 보인다. 조사 없이 대책이 나올 수 없다.

왕뫼는 비행경로와는 약간 떨어져 있지만 활주로 끝에서의 거리가 2.6km밖에 되지 않는다. 비행기가 왕뫼 옆을 지날 때의 고도가 100m~150m 정도일 것으로 예상한다. 두산봉의 매와 맹금류들이 왕뫼와 큰물뫼 사이를 오가며 사냥할 때 왕뫼 위 200m 상공(해발 300~400m 상공)으로 높이 난다.

다섯. 성산일출봉

제주 최고의 절경, 세계자연유산 성산일출봉

성산일출봉은 바닷속 분출로 인한 기생화산의 하나다. 해저 분출로 형성된 분화구가 현재 해수면보다 높은 위치에 있는 것은 섬 땅이 그만큼 융기한 것이다. 파도 등 심한 해식 영향으로 현재의 기암괴석 형태가 만들어졌다. 1800년대부터 영주십경중 제1경으로 성산일출을 꼽을 정도로 제주도의 대표 풍광 중 최고로 인정받고 있다. 성산일출봉은 제주도 최고의 관광지일 뿐 아니라 세계 자연유산으로 등재된 지질학적 가치가 높다고 평가되는 대표 오름이다.

높이 182m의 산책 코스 전체가 울림이 있는 비경이다. 중간쯤 등경돌 바위에서 내려 봐도 성산읍 주위 풍경과 푸른 바다가 아름답게 펼쳐진다. 계단을 따라 정상에 오르면 일출봉의 웅장함에 감탄한다.

세계가 주목하는 세계자연유산 일출봉과 제주제2공항 예정지 거리가 5.43km이다. 세계자연유산과 6km도 안 떨어진 인근에 대규모 공항을 만든 사례가 있는지 궁금하다. 성산일출봉은 사람들이 주로 오르내리는 등반로와 반대쪽(남쪽) 절벽으로 구분되는데 남쪽 절벽은 사람의 발길이 닿지 않는 곳이라서 더 많은 새가 둥지를 틀고 서식하는 공간이기도 하다. 멀리서 봤을 때 하얗게 보이는 부분은 주로 가마우지의 배설물이다. 이곳은 새가 아파트처럼 군락을 이루는데 상층부는 매와 칼새 등이 주로 서식한다. 가운데 부분은 가마우지 떼가 모여 산다. 이 가마우지들은 멀리 신천리, 신산리에서 인근 신양리 등지와 이곳 일출봉을 오가며 서식한다. 그리고 일출봉 하단부는 주로 갈매기 종류가 서식한다.

일출봉 해안에서도 뿔쇠오리, 아비, 뿔논병아리, 각종 갈매기 등 많은 새가 서식하는 것을 확인했다. 2020년 5월 전문가 탐조 때 나일무어스 박사 등과 함께 일출봉 남쪽 바다에서 북쪽으로 1시간 넘게 줄이어 이동하는 수백 마리의 슴새 떼를 확인했다. 나일무어스 박사는 "이렇게 다양하고 많은 새가 지질공원, 세계자연유산에 둥지를 틀고 서식한다는 것이 엄청난 가치"라고 말했다.

성산일출봉의 뒷면
새들의 아파트

매 천연기념물 323-7호, 멸종위기 야생동물 1급 **5F**

소형 맹금류에 속하는 매는, 시력이 좋아 2,000m 상공에서도 땅 위 먹잇감을 포착할 수 있다. 먹이를 잡기 위해 급강하할 때의 속력은 380km/h로 가장 빠른 새로 기록되었다.

칼새 천연기념물 332호 **4F**

산의 암벽 등지에 둥지를 트는 여름 새이다. 둥지를 틀고 새끼를 기를 때를 빼고는 1년 중 10개월을 공중에서 먹고, 자고, 짝짓기하며 장거리 이동을 한다. 땅에 내려오는 것을 보기 힘들어 '다리 없는 새'로 불린다.

가마우지, 쇠가마우지 **3F**

물속으로 잠수해 헤엄치며 물고기를 잡는다. 과거에는 제주도에서만 보이던 보기 드문 철새였지만, 기후가 변하면서 전국으로 분포하게 되었고 텃새로 자리 잡았다.

중백로, 대백로 **2F**

중백로는 속임수를 써서 사냥하며, 미끼로 유인하여 양서류나 어류를 사냥한다. 이 모습을 보고 '까마귀는 겉은 검지만 속은 희고, 백로는 겉은 희지만 속은 검다'는 속담이 생겨났다고 한다.

논병아리, 붉은부리갈매기, 뿔쇠오리, 재갈매기, 회색머리아비 **1F**

뿔쇠오리는 한국에서 드물게 관찰되는 새로, 바위틈에서 둥지를 튼다. 전 세계적으로 개체수가 1만 마리가 채 되지 않은 멸종위기종이다. 환경부 멸종위기 야생생물 2급, 천연기념물 450호, 한국 적색목록 위기, IUCN 적색목록 취약으로 국제적 관심과 보호중에 있다.

자료:곱을락

4. 동굴, 숨골 이야기

공항 예정 부지 동굴 이야기

국토부는 전략환경영향평가 자료에서 '공항 예정 부지 안에는 동굴이 없다. 공항을 건설하는데 동굴은 전혀 장애가 되지 못한다'고 발표했다. 그러나 사실이 아니다. 신산리 주민 강석호 씨가 문화재청으로부터 자료를 받아 검토한 바에 따르면 온평리 2066-1번지에 위치한 서궁굴은 공항 예정 부지 안에 있는 것으로 확인되었고, 혼인지에 있는 신방굴 또한 공항 예정 부지 안에 있다. 온평리 2797번지에 위치한 모낭굴은 국토부 발표에서 200여m 떨어져 있다고 했는데 실제로는 140m였고 가지굴이 공항 예정 부지 안으로 향해 있을 가능성이 있다. 문화재청과 제주도는 가지굴에 대해 추가 조사를 해야 한다. 또한 혼인지 안에 있는 신방굴은 역사문화 보존지구이기도 해서 각별한 관리와 재조사가 시급하다.

또한 수산굴은 동굴로서의 가치가 아주 높은 1급 동굴이다. 수산굴의 입구는 제2공항 예정 부지로부터 3.4km 떨어진 곳에 있다. 문화재청 자료에 의하면 이 입구로부터 공항 예정지 방향인 '동쪽으로 3.8km 지점까지 조사했고, 지점 함몰로 인해 추가조사를 하지 못했다'고 기록되어 있다. 함몰로 추가 조사를 하지 못한 것이지 동굴이 끝난 것이 아니라는 뜻이다. 문화재청의 기록에서도 가지굴이 언급되어 있어 수산굴에 대한 정밀한 조사가 시급한 실정이다.

5장

제주의 미래

5장 들어가며

　지금도 제주제2공항은 수많은 문제점을 안고 달려가고 있습니다. 삐걱거리면서도 속도를 늦추지 않고 달려가는 모습에서 '어떻게든 성사시킨다'는 의지가 엿보입니다. 끊임없이 문제를 제기하는 것에 대하여 당시 원희룡 도지사는 '반대 측이 계속해서 문제를 들춰내고 있다', 찬성 측에서는 '해묵은 지난 이야기를 하며 걸고넘어진다'고 표현했습니다. 문제를 제대로 해명하거나 설득하지 못했으니 다시 들춰내야 하는 것이고, 시간이 지났다고 해결된 것이 아니니 다시 거론해야 하는 것인데 말이지요. 문제를 해결할 생각은 하지 않고, 문제를 제기하는 것을 탓하고 있는 셈입니다. 너무나 많은 사건이 있었지만, 그렇다고 지난 사건에 묶여있을 수만은 없습니다. 현재의 제주를 파악하고, 이러한 문제들에 대응하는 사례들을 들여다보며 우리는 어떻게 나아가야 할지 고민해야 합니다. 질문이 부족한 지금 어떤 제주이기를, 어떤 미래를 바라시나요?

1. 기후 위기의 시대 비행기 논란

유럽발 비행기 안 타기 운동

지구를 덮친 기후 위기와 코로나19로 지구촌의 생활과 사고까지 바뀌고 있다. 관광의 흐름도 빠르게 바뀔 것이다. 온난화에 직접적으로 영향을 미치는 탄소배출기, 비행기 이용을 자제하자는 유럽발 캠페인에 많은 사람이 동조하고 있다. 비행기는 전 세계를 하나로 묶는 세계화, 세계 문명 발전의 상징이었고 지구촌을 연결하는 끈이었다. 기후 위기와 코로나19가 인간의 무분별한 개발, 자연 훼손의 결과물이라는 인식이 확산하면서 전 세계가 환경 훼손에 더욱 엄격한 잣대를 적용 중이다.

유럽환경청은 비행기 이용 시 1인당 탄소 배출량이 기차 이용에 비해 20배 이상 높다고 밝혔다. 비행기가 기후 위기의 주범이라는 사실에 많은 사람이 공감하면서 독일인의 44%가 교통수단으로 비행기를 이용하고 있는 사실에 수치심을 느끼고 있다는 보도가 있었다. 프랑스 하원은 단거리 국내선 비행 금지 법안을 통과시키기도 했다.

차로 3~4시간 거리는 불편해도 다른 교통수단을 이용해야 한다는 것이다. 이미 유럽에서는 기후 위기에서 지구를 지키기 위한 노력이 대세로 자리매김하고 있다.

지속 가능한 환경을 만들기 위한 자구책을 찾으며 국내에 머물면서 여행을 계획하거나 휴가를 즐기는 것을 홍보하는 여행사가 생겼다. 또한 유럽 최대 규모의 베를린 여성협동조합은 비행기로 여행하지 않을 시 3일간의 연차휴가를 더 주는 정책을 추진하는 등 시대에 발맞추는 움직임이 활발하다. 관광 흐름도 대규모 장거리 단체관광에서 중소규모 단거리 여행으로 바뀌는 중이다.

제주도는 적정규모의 관광을 통해 관광 이익을 도민들에게 골고루 돌아가도록 내실 있는 성장을 고민해야 한다. 지금처럼 세계의 흐름에 반하는 물량 위주의 관광, 제2공항 추진은 지구촌 위기를 부추길 뿐 아니라 제주의 경쟁력을 갉아먹는 일이다. 도로를 넓히고, 산림을 훼손하여 도시화를 이뤄내는 것이 발전이라고 판단하는 근시안적 사고에서 벗어나야 한다.

제주도는 비행기가 대중교통이라는 의견에 대해

육지와 왕래가 잦은 제주도민에게는 비행기가 대중 운송 수단이라서 공항 확대와 정책적 배려가 필요하다는 의견이 있다. 일정 부분 동의한다. 필요하면 정부와 제주도가 관광객을 적정선으로 관리하고, 현 제주공항을 확장하여 도민의 불편을 없애는 일에 앞장서면 될 일이다. 비행기가 도민의 대중교통이라는 선언적 주장보다는 육지 나들이 불편을 없애는 다양한 접근과 시도가 우선이라는 뜻이다. 꼭 해야 할 일을 하지 않고, 주장만 하는 것은 제2공항 추진에 도민을 이용하는 것으로 밖에 보이지 않는다.

도민들은 꼭 필요한 일을 제외하면 육지 나들이를 줄이거나 배 여행을 고려해 보는 것도 좋겠다. 기후 위기 시대 국제적인 추세에 발맞춰 보는 경험이 될 것이다. 정부와 제주도는 배 여행 활성화를 위한 정책지원 확대 등을 통해 교통수단을 다변화할 수 있는 정책도 고민해야 한다.

제2공항밖에 방법이 없는 것이 아니라, 정부와 제주도가 적극적으로 방법을 찾지 않고 무리하게 제2공항만 고집하는 것이 문제다.

　또한 코로나 국면이 지나며 해외여행이 재개되고 여행이 다변화되었을 때도 제주도 여행객이 늘어난다는 보장이 없다. 코로나19로 인한 여행 총량 축소 이후의 상황은 누구도 예측할 수 없다. 이제 동남아, 일본, 중국 등 해외여행 비용에 비해 제주 여행 비용이 싸지 않기 때문에 모든 관광객이 제주도만 바라보고 대기하고 있는 것으로 착각하면 안 된다.

　제주 여행에서 국내 여행객이 차지하는 비율이 대부분인데 대한민국 인구수는 급격히 줄고 고령화 시대에 접어들고 있다. 이에 대해 국토부는 고령인구가 늘어나는 것을 여가를 즐기는 인구가 늘어난다는 것으로 분석했다. 이는 여행하는 비율이 높아지는 것으로, 제주 관광객 수요가 계속해서 늘어나리라 예측했다. '고령화가 심화하고 있다'는 팩트에 '여행객 수가 늘어날 것'이라는 기대를 꿰맞춘 어설픈 예측이 되고 만 것이다. 코로나 이후의 국제상황과 대내외 여건이 모두 변하고 있는데 제주도는 변한 상황에 대한 검토를 도외시한 채 막무가내로 제2공항만 고집하고 있다. 지금 제주도는 여행객 규모를 늘리는 것이 아니라 여행의 내용과 질을 높이는 데 초점을 맞춰야 한다.

2. 제주도의 환경 수용성

기후 위기시대 제주 관광의 적정선

세계적인 관광지로 명성을 날리던 주요 도시들이 과잉 관광 후유증으로 몸살을 앓고 나서 관광패턴의 흐름이 바뀌고 있다. 베니스, 바르셀로나, 베를린 등 관광객들이 많이 찾는 주요 도시에서 주민들이 직접 나서서 관광객 방문을 반대하며 물량 위주의 관광에 제동을 걸기 시작했다. 거주 지역의 혼잡도 증가, 교통 정체, 쓰레기난, 소음 등을 견디지 못하고 주민들이 들고일어나기 시작하면서 관광의 흐름을 바꾼 계기가 되었다. 주민들이 쾌적하게 살아갈 권리에 눈을 돌리기 시작하면서 관광객 숫자만을 높여서 수익을 올리려는 물량 위주의 관광에 제동이 걸린 것이다. 지금 세계 관광의 흐름이 바뀌고 있다.

아름다운 해변이자 휴양지로 손꼽히던 필리핀 보라카이가 쓰레기와 하수, 오물을 감당하지 못하고 6개월 전면 폐쇄를 결정하여 환경 회복의 시간을 가진 사례가 있다. 넘치는 쓰레기를 처리하지 못해 바다가 시궁창으로 변해가자 보다 못한 두테르테 필리핀 대통령이 '6개월간 섬 폐쇄'라는 극약 처방을 내린 것이다.

인구 2만 명이 채 안 되고 면적 11㎢밖에 되지 않는 작은 섬 보라카이에 2017년 한 해만 2백만 명이 넘는 관광객이 찾았었다. 늘어나는 관광객을 감당하지 못하고 탈이 나는 것은 어쩌면 예견된 결과였다. 보라카이 사태를 보면 다가올 제주의 비극이 그려진다.

하와이는 어떨까. 세계적으로 주목받던 이 휴양 섬은 현재 너무 많이 늘어난 노숙인들로 고민이다. 현재 미국 50개 주 가운데 인구수 당 무주택자 비율이 가장 높다. 심지어 노숙인 중 40%가량은 직장이 있는 것으로 나타났다. 치솟는 관광지 물가가 그 원인이다.

1) 주차난과 상습 정체

2005년 5백만 명이던 제주도 관광객 수는 2017년 1천6백만 명으로 늘었다. 한 해 동안 제주 인구의 25배에 달하는 관광객이 몰려오니 제주 시내권은 주차난과 상습 정체 구간이 매해 늘어나고 있다. 제주 시내권은 주요 시간 정체와 주차난이 육지의 대도시 못지않다. 한적한 제주에서 휴식을 기대했던 여행객들은 짜증 지수가 높아지고, 제주 도민들의 불편이 가중되었다. 제주시 시내권의 교통체증과 주차난은 전국 어느 도시보다 적지 않고 이제는 서귀포 시내까지 주정차 상황이 어려워지고 있다. 렌터카 회사가 경쟁하듯 늘어나면서, 그만큼 도로 위를 달리는 렌터카들이 많아졌다. 현재 제주에는 인구수보다 자동차가 더 많은 상황이다.

2) 쓰레기 섬 우려 가중

쓰레기로 제주섬이 몸살을 앓고 있다. 쓰레기 처리할 수 있는 용량을 넘어버려서 처리하지 못한 압축 쓰레기가 쌓이기 시작한 지 오래된 것이다. 현재 운영 중인 9곳의 쓰레기 매립장이 대부분 포화상태다. 새로운 쓰레기 처리장을 만들어야 하는 데 주민들과의 합의도 쉽지 않다.

바닷가 어디를 가도 눈에 안 띄는 곳은 온통 쓰레기로 뒤덮여 있음을 쉽게 볼 수 있다. 성산읍의 몇몇 주민들이 토요일 아침에 모여 마을 길 쓰레기 줍기를 했는데 대부분의 마을 길은 100여m 정도만 주워도 쓰레기봉투 5~6개 정도가 찰 정도로 쓰레기가 많았다. 건설 폐자재, 생활 쓰레기 등 풀숲에 버려 쌓인 것을 여러 군데 발견하여 성산읍사무소에 처리를 요구하기도 했으나 담당 부서는 여력이 없는지 아무런 대응을 하지 않고 있다. 관광객뿐 아니라 도민들의 의식과 자연을 대하는 태도가 변하지 않으면 해결할 수 없는 문제이기도 하다.

3) 축사 폐수 오염과 악취

여행객이 즐겨 찾다 보니 돼지고기의 수요가 매해 늘어나고 있다. 그러다 보니 도내 축산업자의 규모가 기업화되고 있으며 축산 폐수 문제와 이에서 나는 악취로 몸살을 앓고 있다. 한림읍 금악리를 비롯해 축산업체들이 많이 모여 있는 곳에 들어서면 어디를 가도 축산 악취가 심하게 난다. 육식으로 인한 대량 축산업이 기후 위기를 가속한다는 자료는 어렵지 않게 찾아볼 수 있다. 제2공항과 마찬가지로 축산업도 수요가 있다고 하여 끊임없이 허가하고 늘리는 것을 멈춰야 한다. 어느 정도가 적정선일지 고민하는 시간이 꼭 필요하다. 축산업체의 오수뿐 아니라, 과다하게 사용되는 농약으로 인한 지하수 오염도 날로 심해지고 있다.

4) 제주 바다가 죽어가고 있다

쪽빛 바다, 산호와 물고기, 각종 생물, 먹거리가 반기는 제주 바다는 환상의 섬 제주의 상징이다. 아니, 상징이었다. 점차 철 지난 제주의 수식어가 되어가고 있다. 바다를 빼놓고 제주의 아름다움을 논할 수 없었지만, 그 바다가 죽어가고 있다. 바다에만 나가면 금방 먹을 만큼 잡을 수 있던 보말이 사라지고 있다. 지천이던 보말이 줄어드니 보말 값이 두 배 이상 뛰었다.

제주 전역의 해녀들은 소라, 미역, 전복 등 해산물이 줄어 울상이다. 소라를 예전의 반도 못 잡는다. 소라와 물고기가 있어야 할 해변에 파래만 가득 덮여 악취가 난다. 이제 근해에서 잡을 것이 줄어드니 해녀들은 보다 멀리 나가서 물질을 해야 한다. 제주 근해를 보면 사막화 현상으로 환경이 빠르게 변하고 있다. 바다 사막화가 진행된 지 오래다. 이는 해녀와 어민들만이 아니라 제주도민 전체의 문제다. 누가 오염되어 죽어가는 바다를 보러 올 것인가.

그뿐만이 아니다. 그들을 재우고 먹이기 위해 생겨난 수많은 호텔과 식당들도 문제다. 하나의 문제로 끝날 리 없다. 우리는 모두 연결되어 살아가고 있기 때문이다.

제주 바다의 사막화(갯녹음 현상)는 자연이 제주 지역사회에 보내는 중차대한 시그

널이다. 전문가들은 제주 바다의 사막화현상이 확산 속도가 빨라 이미 심각한 상황에 이르렀다고 입 모아 말한다. 자연이 너무 버겁다고 신호를 보내고 있다. 자연이 제주 도민에게 보내는 경고를 무시한다면, 이를 회복하는데 더 많은 시간과 비용을 지불해야 할 것이다.

갯녹음의 몇 가지 원인 중 환경적 원인으로는 기후변화에 의한 수온 상승이 있고, 인위적 원인으로는 과도한 연안 개발이 이유다. 공사에 사용되는 시멘트와, 토양오염의 중화제 역할을 하는 석회가 제주 바다의 사막화현상을 가속하고 있다. 기후 위기와 수온 상승 또한 인간의 탐욕으로 인한 무한 개발의 결과물이니 분리해서 생각할 수도 없는 일이다. 아직도 이 무조건적인 개발이 제주 경제에 이익을 줄 것이라고 대답할 수 있을까?

사막화된 제주 해안가...해조류 사라진 '갯녹음' 말기

녹색연합, 제주 연안가 200곳 조사 "전 해안마을 갯녹음 심각"

(발췌) 제주를 둘러싼 해안마을 전역에서 해조류가 사라지고 석회조류가 암반을 뒤덮는 이른바 '갯녹음' 현상이 심각한 것으로 확인됐다. 연안 해양생물의 먹이이자 산란장인 해조류 군집이 사라지며 해양 생물도 살 수 없어 '바다 사막화'가 진행된 결과다. 출처 : 제주의소리 2021.11.3 사진/녹색연합

3. 제주 항공 수요, 연 4,500만 예측

생활하수 문제, 자연 훼손, 지하수 고갈 등 환경문제는 점점 제주의 숨통을 조이는데 국토부와 제주도는 근본적인 문제 해결을 외면한 채 공항 하나를 더 지어 관광객 수를 늘리겠다고 하는 상황이다.

국토부는 2035년 제주의 항공 수요를 4천5백만 명으로 예측하고 제주공항(수용 능력 2천6백만 명)과 같은 인원을 수용할 제주제2공항(수용능력 2천5백만 명)을 성산에 건설할 계획이라고 밝혔었다. 현재 제주를 방문하는 1천5백만 명 수준에서도 쓰레기와 하수를 감당 못 하는 상황에서 왕복 4천 5백만만 명(편도 2천 2백5십만 명)의 이용객을 유치하겠다는 것이다.

2000년도 초, 제주의 올레길 걷기가 여행객들에게 인기를 얻으며, 해안도로를 따라 형성된 마을 길에 사람들이 찾아오기 시작했다. 많은 사람이 제주 올레길을 찾은 이유는, 편리해서도 쾌적해서도 아니다. 있는 그대로의 제주 모습, 사람 사는 동네의 풍경들에 아름다움을 느꼈기 때문이다. 주민들이 살아가고 관광객도 여유롭게 여행을 즐기려면 적정 수의 관광객이 유지되어야 한다.

인도와 티벳 사이에 있는 부탄은, 오래전부터 국민 행복 정책을 중요시한 나라로 알려져 있다. 자연을 보전하고 후대에 물려준다는 확고한 원칙이 있어 헌법에도 산림의 비율을 60% 이하로 떨어뜨리지 않아야 함을 명시하고 있다. 한 해 여행객의 규모뿐 아니라 여행 수칙까지 철저하게 관리하는데, 대표적으로 개인 배낭여행이 금지되어 있고, 정부에서 허가한 여행사를 필수로 이용해야 하며, 1일 체류비로 성수기엔 250 달러(약 31만 원), 비수기엔 200달러(약 25만 원)를 지불해야 한다. 그런데도 자연과 문화가 고스란히 보존, 관리되고 있는 부탄을 여행하려는 사람들이 줄을 서고 있다. 제주도 역시 도민과 여행객이 같이 행복해질 수 있는 방법을 찾아 내야 한다.

현재 제주에 필요한 일은, 지금의 제주와 공존하는 것이다. 오늘도 악취와 폐수 문제, 쓰레기 문제, 오폐수 문제 등으로 몸살인데 무엇을 더 늘린다는 말인가.

공항이 지역발전에 기여할 것이라는 환상

제2공항을 지어놓고 관광객이 더 늘어나지 않는다면 더 심각한 문제다. 여행객들이 모든 관광, 문화 인프라가 부족한 제2공항보다 현 제주공항을 더 선호한다면 항공사, 여행사들은 더 이익이 되는 현 제주공항 이용에 집착할 수밖에 없다. 활성화되지 않은 공항 주변이 제대로 발전하고 주변 땅값이 오르는지 확인해 보면 제주제2공항 주변의 미래를 예측할 수 있다. 무안, 양양, 군산 등 황량한 공항 주위 상황을 보면 쉽게 알 수 있다. 공항으로 인한 이익보다는 비행기 소음 때문에 주민 불편만 가중된다. 군산공항처럼 군사 공항으로 같이 이용(참고로 전투기의 소음은 거리와 규모가 훨씬 확대되어 성산지역 전체와 표선, 구좌 지역 일부분까지 소음 피해 지역이 된다)해야 할 수도 있고, 활용 가치가 떨어져 이도 저도 할 수 없는 애물단지가 될 수 있음을 명심해야 한다.

또한 국토부 발표처럼 4천5백만의 관광객이 제주를 찾는다면 제주 환경의 파멸이 앞당겨질 뿐이라는 사실은 여러 번 언급한 바 있다. 가장 끔찍한 상황이다. 죽은 제주 바다에서 아무것도 잡히지 않고, 오염이 심화된 섬에서 모든 주민이 관광객의 눈만 바라보는 처참한 광경을 상상해 보았는가? 우리는 바이러스가 전 세계를 마비시키고, 3년이 넘도록 마스크를 쓰게 될 줄 몰랐다. 해수면이 상승해 사라지는 마을이 우리 세대에 있으리라 예측하지 못했고, 자리돔이 독도의 대표 어종이 될 줄도 몰랐다. 아직도 우리가 두려워 하고 있는 제주의 미래가 허상으로만 들리는가? 많은 일들이 실제로 벌어지고 있다. 그리 멀지 않은 제주의 미래가 될 수 있고, 그것은 우리가 만들어 가는 것이다.

성산 일대 ©김수오

2부
성산의 새

「성산의 새」 추천사

「성산의 새」를 추천하며

　탐조는 이곳 한국과 전 세계에서 빠르게 성장하고 있습니다. 이전 세대들은 숲이나 한적한 해변에서 쉽게 평화를 찾을 수 있었으며 그들이 살았던 곳과 계절과의 연관성을 쉽게 느끼기도 쉬웠습니다. 그러나 무모한 개발로 인해 주변의 아주 많은 것들이 사라지면서, 점점 더 많은 사람은 자연과 다시 이어질 가장 직접적인 방식으로 새를 관찰하거나 사진을 찍게 되었습니다.

　비록 많은 조류 종이 감소하고 있지만, 아직은 거의 모든 곳에 새가 있습니다. 과거 수십 년과 마찬가지로 지금도 제주에서는 과일나무 주위를 소란스럽게 날아다니는 시커먼 직박구리를 볼 수 있으며, 겨울에는 밝은 빛깔의 오리들이 사람의 접근을 피해 헤엄치고 있고, 몇 안 되는 곳에서 만날 수 있는 소수의 저어새는 물고기를 찾느라 길고 검은 부리로 물을 좌우로 휘젓고 있습니다. 이 책의 사진을 통해 볼 수 있듯이, 이러한 조류종 각각은 그들만의 특이하고도 완벽한 구조로 각기 다른 먹이를 구하며 독특한 무늬의 깃털로 짝을 유혹하거나 눈에 띄지 않게 숨기도 합니다.

같은 새라 해도 어떤 곳에서 훨씬 더 많이 보이기도 하는데 그 이유는 새들을 좀 더 유심히 보거나 귀를 기울이면 밝힐 수 있을 것입니다. 거의 모든 공원과 숲에서 우리는 직박구리를 발견할 수 있겠지만, 저어새는 하도리 습지와 성산포와 같은 극소수의 장소에서만 보입니다. 국내 및 세계적으로 멸종 위기에 처한 것으로 평가되는 저어새가 정기적으로 나타난다는 것은 제주의 이런 습지가 국가적이며 국제적으로 중요한 조류 서식지(람사르와 같은 국내법과 국제 협약에 따라 적절히 보호되고 관리되어야 하는 장소)임을 구별하게 해줍니다.

김예원의 사진에는 제주 동부의 이러한 아름다움과 독특함이 많이 담겨 있습니다. 이런 자료가 없다면 우리는 새들과 공유하고 있는 습지, 숲, 바다의 다양성과 풍부함을 보지 못하고 놓쳤을 수도 있습니다. 중요하게도 김예원의 사진들은 또한 성산과 제주 동부에 위치한 서식지의 국내적이고 국제적 중요성에 대해 반박할 수 없는 증거를 제공하고 있습니다. 그것이 바로 보전을 요구하는 선명한 외침입니다.

김예원이 태어나기 1년 전인 1999년에 저는 처음으로 제주 동부지역 물새를 조사한 바 있습니다. 그녀가 성장하는 동안 제주는 이미 많은 것을 잃었습니다. 수많은 작은 습지들이 파괴되었고, 현재 제2공항 건설과 관련된 '악 개발'로 인해 제주 동부 전역의 생태적 건강성은 위협받고 있습니다.

그렇다면 김예원의 카메라 렌즈에 담겼던 아름다운 이미지는 훗날, 미래 세대들에게 어떻게 비춰질까요? 잃어버린 세계를 알려줄 이미지가 될까요? 그게 아니라 오히려 이후 1세기까지도 세대를 넘어 남아있을 종과 서식지의 이미지일까요? 어떤 미래일지는 우리에게 달려 있습니다.

Dr. 나일 무어스, 새와 생명의 터 대표

I recommend 'The Bird of Seongsan'

Birdwatching is growing rapidly here in Korea and around the world. Previous generations could easily find peace in forests or on uncrowded shores; and could easily feel their connection to the seasons and the place where they lived. But with so much lost to reckless development, more and more of us now watch or photograph birds as our most direct way to re-connect with nature.

Although many bird species are in decline, birds are still almost everywhere. Even now on Jeju, just as in decades past, dark bulbuls can be glimpsed flying noisily to crowd around fruit trees; there are still brightly-coloured ducks in winter, swimming away at our approach; and in a very few places, there are still small numbers of Black-faced Spoonbills, swinging their long black bills from side to side through the water in search of fish. As the images in this book show, every one of these bird species is entirely unique, with their own perfect structure for catching their food; and their own plumage patterns for staying hidden or for attracting their mate.

Look (and listen) more closely, and the same birds will also help reveal how some areas are much richer in species than others. Bulbuls might be found in every park and forest, but only a very few places like the Hadori Wetland and Seongsan

Po have Black-faced Spoonbills. Assessed nationally and globally as Endangered, the regular presence of Black-faced Spoonbills even helps to identify these wetlands on Jeju as nationally and internationally important bird habitats – sites which need to be protected and managed properly in accordance with national laws and international conventions like Ramsar.

Kim Yeiwon's remarkable photographs reveal much of this beauty and this uniqueness of eastern Jeju Island. They show us what we might otherwise fail to see, most especially the diversity and richness of wetlands, forests and the sea that we share with these birds. Importantly, Kim Yeiwon's images also provide irrefutable evidence of the national and international importance of habitats in Seongsan and eastern Jeju. They are a clear call for conservation.

I first surveyed waterbirds in eastern Jeju in 1999, a year before Kim Yeiwon was born. So much has been lost on Jeju during her lifetime already. Many small wetlands have been destroyed; and now, the ecological health of the whole of eastern Jeju is threatened by the proposed second airport and associated "development".

How then will Kim Yeiwon's wonderful images be understood by future generations? Will they show us a world that has been lost? Or will her images instead reach across generations, to show that the same species and habitats remain a century from now? That future really is up to us.

Dr Nial Moores, Director Birds Korea.

들어가며

　생이 친구 김예원이 13년간 성산에서 직접 찍은 새 사진을 특집 화보로 올립니다. 우리가 매일 보는 까마귀, 직박구리, 참새에서 천연기념물인 긴꼬리딱새, 팔색조, 저어새, 물수리까지 120여 종의 새를 소개합니다.

　모든 새가 하나같이 저마다 아름다움을 뽐냅니다. 우리는 지금까지 우아하고, 영롱한 새들의 모습을 이웃으로서 가까이서 살아갈 수 있었으나 앞으로도 그러리라는 보장은 없습니다. 무분별한 서식지 파괴로 지구상에서 멸종된 동물로는 양쯔강 돌고래, 일본 수달, 서아프리카 흑코뿔소, 우리나라의 크낙새 등이 있습니다.

　이웃으로 살아가고 있는 100여 종의 새가 지금처럼 곁에 있는 것이 언제나 당연한 것은 아닙니다. 이 지역의 일원으로서 존중하고 함께 살아가고자 하는 의지가 중요합니다. 실제로 저어새는 서식지 개발, 파괴 문제로 1975년도에는 개체수가 300여 마리로 급격히 줄어들었으나 적극적인 서식지 보존과 관리로 현재 3,000여 마리로 늘어나, 매년 겨울이면 저어새 무리가 제주 성산 앞바다에서 먹이활동을 하는 모습을 볼 수 있습니다. 긴꼬리딱새 역시 비자림로 천미천에서 번식이 확인된 바 있습니다. 이와같이 멸종위기종 새들에게 제주는 아직 소중한 휴식처이자 삶의 터전입니다. 우리는 아직 100여 종의 새들과 생태계를 이루며 살아가고 있고, 많은 사람들이 천혜의 자연 환경을 동경하며 이곳 제주를 여행하고 있습니다. 이것을 당연시하다가는, 훗날 우리 아이들이 박물관에서 박제된 저어새와 긴꼬리딱새 만을 볼 수 있고, 옛날에는 푸른 바다와 오름 군락을 보기 위해 많은 사람이 제주를 '찾았었다'고 전해 듣게 될 지 모를 일입니다.

'함께 살자, 생이 친구'

생이 친구는, 제주어로 '새'를 뜻하는 '생이'와 '벗'을 뜻하는 '친구'의 합성어입니다. 우리가 살아가면서 사귀는 사람들처럼 새들도 평범한 우리의 이웃이자 친구입니다.

우리는 누구라도 생이 친구가 될 수 있습니다. 당신이 새들에게 아주 작은 관심과 애정이 있다면요. 그렇게 되었을 때 새들을 만나는 것은 새 학기에 만나는 새로운 친구처럼 기대하게 되고 설레게 될 거예요.

저는 줄곧 생이 친구 활동을 하며 새들의 시선에서 바라보고, 생각하고, 이야기하는 법을 배워왔습니다. 그리고 새에 대한 관심이 전혀 없던 사람이 생이 친구와 이야기를

나누고 돌아간 뒤에 '내 집 주변에 이렇게 많은 새가 있는 줄 몰랐어요!'라고 말할 때마다 표현할 수 없는 행복을 느낍니다. 그때부터 우리는 새로운 세상에 눈을 뜨게 됩니다. 그렇게 시작된 작은 관심이 끊이지 않고 이어져 주변에서 함께 숨 쉬며 살아가는 생명들을 돌아보게 되다가 마침내에는 사랑에 빠지게 될 테니까요.

　새가 없는 곳은 없습니다. 우리가 살아가는 빌딩 숲에서도 새들은 살아가고 있습니다. 오늘 당신의 곁에서도 수많은 날갯짓이 함께했을 것입니다. 내일은 조금 더 하늘을 바라보면 어떨까요. 나만 모르던 이야기가, 비밀이, 생각보다 더 가까이에 있을지도 모르죠.

탐조활동

  탐조를 위해선 간단히 지켜야 할 수칙과 방법들이 있습니다. 먼저, 화려한 원색의 옷을 피하는 것입니다. 새들의 눈은 가시광선뿐만 아니라 자외선까지도 볼 수 있습니다. 그만큼 예민하고 날카로운 눈을 가진 새들에게 원색 계열은 눈에 띌 수밖에 없겠지요. 누군가가 지켜보고 있는 상태에서 마음 편히 먹이 활동을 할 수 없으니, 새가 자리를 피하는 일이 발생하게 되고, 이 일이 반복되면 새들은 스트레스로 그 장소를 다시 찾지 않을 수도 있습니다.

  비닐이나 병뚜껑 같은 쓰레기를 버리지 않는 것도 중요한 수칙 중 하나입니다. 새들의 눈에 반짝거리는 비닐이나 병뚜껑은 먹이로 착각하기 쉽기 때문입니다. 실제로 구조센터의 보호를 받게 되는 새 중에서 비닐을 삼켜서 오거나 병뚜껑에 부리가 끼이는 등의 사고를 당한 새가 있습니다.

  돌을 던지거나 일부러 새들을 비행시키는 행위는 하지 말아야 합니다. 흔히 말하는 '인생샷'을 위하여 일부러 새들을 날리기도 합니다. 새들에게 굉장한 스트레스가 됩니다. 특히 고니나 황새와 같이 덩치가 큰 새들은 한 번 날아오르기 위해 쉬지 않고 30분 동안 먹이 활동한 에너지를 소모하게 됩니다. 즉, 여러 번 비행을 시도하게 되면 먹이활동을 한 에너지를 비축하지 못하고 모두 사용해 버리는 상황이 발생하게 되는 것입니다. 그뿐만 아니라, 오리와 같은 새들은 다른 새들 사이에서 일종의 사이렌과 같은 역할을 하므로, 오리 떼가 날아오르게 되면 주변의 다른 새들도 덩달아서 날아오르는 경우가 종종 있습니다. 누군가는 환호하며 촬영할 기회가 될지도 모르지만, 새들에

게는 이 장소가 위험하다는 인식하게 될 것입니다.

　탐조하는 동안 크게 떠들거나 노래를 트는 행위도 조심해야 합니다. 새들은 사람보다 가청주파수(듣고 인지할 수 있는 소리, 즉 주파수의 범위)가 좁은 대신 특정 구간의 소리를 더욱 잘 감지할 수 있습니다. 따라서 미세한 소리에도 쉽게 반응한다는 뜻인데, 탐조 활동을 하는 사람이 떠들거나 노래를 튼다면 당연히 새가 먼저 감지하게 됩니다. 또한, 이러한 이유로 탐조 활동을 하는 사람의 인원도 소수의 팀을 구성하거나 개인으로 활동하는 것이 좋습니다.

　탐조에는 여러 방법이 있지만 크게 한 자리에서 고정하는 탐조와 장소를 움직이며 진행하는 탐조, 두 가지로 나눌 수 있습니다.

　한 자리에서 고정하는 탐조는 말 그대로 오랜 시간 한 자리에 머물며 그 주변에서 관찰할 수 있는 새들을 탐조하는 것입니다. 보통 습지나 철새도래지같이 새가 많이 머무는 곳에서 사용하며, 길게는 8~10시간도 진행합니다. 시간에 따라 새들의 이동이나 행동을 관찰하기 좋고, 활동 범위가 넓은 새들도 볼 확률이 높습니다.

　장소를 움직이며 진행하는 탐조는 시간과 경로를 정해두고 움직이며 탐조 활동을 하는 것입니다. 어떤 지역 탐조를 할 때 작은 팀으로 나누어 동시 모니터링을 할 때 사용하는 방법이기도 합니다. 이 경우 동시에 다른 지역을 여러 팀이 탐조할 수 있기 때문에 개체수를 파악할 때 유용합니다. 이 탐조를 오랜 기간 진행하면 늘 관찰되는 개체와 그렇지 않은 개체를 파악할 수 있고, 철새들과 텃새들을 구분할 수 있게 됩니다.

　탐조 방법에 옳고 그른 것은 없습니다. 상황에 따라, 관심에 맞추어 원하는 방법을 찾아가는 것이 또 하나의 매력이기 때문입니다. 물론, 이 모든 탐조 활동은 탐조 수칙을 따르면서 이루어져야 새와 사람, 모두에게 이로운 활동이 될 것입니다.

목록

성산의 새

가마우지

학명(Phalacrocorax capilltus)
영명(Temminck`s Cormorant)

양식장 근처에서 1년 내내 쉽게 볼 수 있는 새다. 기름샘이 발달하지 않아서 물에 들어가면 바깥 깃털이 젖는다. 그 덕분에 물의 저항을 덜 받고 깊은 곳까지 먹이활동을 위해 잠수할 수 있다. 제주도 해안가에서는 물고기를 물고 올라온 가마우지가 갈매기에게 먹이를 빼앗기는 모습을 종종 볼 수 있다. 또한, 제주 해녀들이 물질하는 곁에서 같이 자맥질하는 모습을 볼 수 있다.

하도리
하도철새도래지
지미봉
다랑쉬오름
은월봉 두산봉
성산리
수산리
대수산봉
소수산봉
온평리
통오름
독자봉 신산리

갈색제비

학명(Riparia riparia)

영명(Collared Sand Martin)

이른 가을철 다른 제비들 무리에 섞여 있는 것을 관찰했다.
제비와 다르게 꼬리가 짧고, 몸이 갈색이다.

하도리

하도철새도래지
지미봉

우도

다랑쉬오름

은월봉 　두산봉

성산리

수산리

대수산봉
소수산봉

온평리

통오름
독자봉 　신산리

개개비

학명(Acrocephalus arundinaceus)
영명(Oriental Reed Warbler)
하도 철새도래지의 갈대밭에서 번식하는 여름 철새이다.
울음소리가 독특하며, 9월 이동 시기가 되면 여러 마리가
함께 다니는 것을 볼 수 있다.

하도리
하도철새도래지
지미봉
다랑쉬오름
은월봉   두산봉
성산리
수산리
대수산봉
소수산봉
온평리
통오름
독자봉   신산리

개구리매 천연기념물 323-3호, 멸종위기야생동물 2급

학명(Circus spilonotus)
영명(Eastern Marsh Harrier)
겨울철이 되면 하도리철새도래지 갈대밭을 찾아오는 겨울 철새이다. 갈대밭 위를 낮게 날며 먹이를 찾고, 날 때 날개를 살짝 들어 V자 형태로 나는 것이 특징이다.

개꿩 관심대상-감소

학명(Pluvialis squatarola)
영명(Grey Plover)
겨울철 제주 해안가 모래톱에서 다른 도요새들과 한두 마리정도 섞여 있는 것을 종종 볼 수 있다. 다른 도요새들에 비해 큰 편에 속한다. 주로 관찰되는 곳은 시흥-종달 해안가이다.

하도리
하도철새도래지
지미봉
다랑쉬오름
은월봉   두산봉
성산리
수산리
대수산봉
소수산봉
온평리
통오름
독자봉   신산리

개똥지빠귀

학명(Turdus eunomus)

영명(Dusky Thrush)

겨울철에 낮은 초목지대나 풀밭(ex. 섭지코지)에서 관찰할 수 있다. 주로 관찰되는 곳은 섭지코지와 신산리, 난산리 해안가이다. 낮은 나무의 꼭대기에 앉아 쉬거나, 풀밭을 돌아다니며 먹이활동을 하는 것을 볼 수 있었다.

하도리

하도철새도래지
지미봉

우도

다랑쉬오름

은월봉   두산봉

성산리

수산리

대수산봉
소수산봉

온평리

통오름
독자봉   신산리

검독수리 천연기념물 243-2호, 멸종위기야생동물 2급

학명(Aquila chrysaetos), 영명(Golden Eagle)

매년 하도 철새도래지에서 꾸준하게 관찰되고 있는 대형 맹금류이다. 지미봉 근처에서 비행하는 것을 볼 수 있다. 검독수리가 비행할 때면 매나 말똥가리 같은 다른 맹금류도 따라 비행하며 서로 견제하는 행동을 보인다.

하도리

하도철새도래지
지미봉

다랑쉬오름

은월봉   두산봉

성산

수산리

대수산봉
소수산봉

온평리

통오름
독자봉   신산리

검은머리갈매기 멸종위기야생동물 2급

학명(Larus saundersi) , 영명(Saunders's Gull)

겨울철 제주를 찾는 새로, 수면 위로 낮게 날면서 먹이활동 하는 모습을 해안가에서 볼 수 있다. 다른 갈매기에 비해서 덩치가 작고, 몸놀림이 날렵하다. 과거에 비해 월동하는 개체수가 많이 늘어났다. 겨울에는 눈 뒤의 검은 점만 보이지만, 여름이 되면 머리가 모두 새까맣게 변하는 특징이 있다.

하도리
우도
하도철새도래지
지미봉
다랑쉬오름
은월봉   두산봉
성산리
수산리
대수산봉
소수산봉
온평리
통오름
독자봉   신산리

검은머리물떼새

천연기념물 326호, 멸종위기야생동물 2급

학명(Haematopus ostralegus)

영명(Eastern Oystercatcher)

겨울철 제주에 가끔 모습을 보이는 새이다. 썰물이 되어 물이 빠진 바닷가 모래톱에서 먹이활동 하는 것을 볼 수 있으며, 다른 도요새들과 같이 다니기도 한다. 관찰된 곳은 시흥-종달 해안가이다.

하도리

하도철새도래지
지미봉

다랑쉬오름

은월봉 두산봉

성산리

수산리

대수산봉
소수산봉

온평리

통오름
독자봉 신산리

검은머리방울새

학명(Spinus spinus)
영명(Eurasian Siskin)
겨울철 하도 철새도래지와 오조리의 소나무 숲에서 관찰할
수 있는 겨울 철새이다. 방울새와 달리 노란 몸이 특징이며,
주로 소나무의 솔방울 씨앗을 먹는다.

하도리
하도철새도래지
지미봉
우도
다랑쉬오름
은월봉   두산봉
성산리
수산리
대수산봉
소수산봉
온평리
통오름
독자봉   신산리

검은머리흰죽지 관심대상

학명(Aythya marila), 영명(Greater Scaup)
겨울철 제주를 찾아오는 겨울 철새로, 다른 흰죽지와 같이 잠수하여 먹이활동을 한다. 하도 철새도래지 갈대밭 주변에서 주로 휴식하고, 식산봉 근처와 오조 하수종말처리장 근처에서 잠수하며 먹이활동한다.

하도리
하도철새도래지
지미봉
다랑쉬오름
은월봉   두산봉
성산리
수산리
대수산봉
소수산봉
온평리
통오름
독자봉   신산리

172

검은목논병아리 관심대상

학명(Podiceps nigricollis), 영명(Black-necked Grebe)

제주도 바닷가에서 볼 수 있는 겨울 철새이다. 3~4마리 정도 무리 지어 다니며, 다른 오리들과도 섞여 지내기도 한다. 오조 하수종말처리장과 성산일출봉 앞바다, 신산리와 난산리 앞바다에서 자주 관찰할 수 있다.

하도리
하도철새도래지
지미봉
다랑쉬오름
은월봉   두산봉
성산리
수산리
대수산봉
소수산봉
온평리
통오름
독자봉   신산리

낚시줄 걸린 재갈매기 유조. 갈매기는 4살까지는 청소년, 5살부터 성조로 본다. 대부분의 새가 태어난 지 1년 만에 성조가 되는 것에 비교하면 확연히 유조시기가 긴 것을 알 수 있다. 어린 새들은 어린아이처럼 호기심이 많다. 낚시찌를 가지고 놀다가 버려진 낚싯바늘에 사고를 당하기도 한다.

검은이마직박구리

학명(Pycnonotus sinensis)
영명(Light-vented Bulbul)

원래는 길잃은새로 분류되었으나, 2018년도 이후로 번식이 관찰되어 이제는 제주도 전 지역에서 관찰할 수 있는 텃새가 되었다. 하도 철새 도래지 갈대밭 옆의 숲속에서 번식하고 있고, 많은 개체수가 모여 직박구리와 대립 구도를 이룬다.

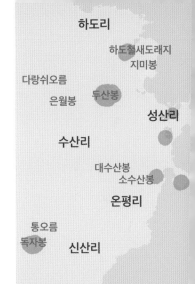

하도리
하도철새도래지
지미봉
다랑쉬오름
은월봉   두산봉
성산리
수산리
대수산봉
소수산봉
온평리
통오름
독자봉   신산리

고방오리 관심대상-감소

학명(Anas acuta)
영명(Northern Pintail)
겨울이 되면 제주를 찾아오는 겨울 철새이다. 다른 오리들과 섞여 함께 먹이활동을 하며, 양식장 근처나 해안가, 혹은 습지에서 많이 관찰된다. 툭 튀어나온 꼬리와 다른 오리에 비해 상대적으로 긴 목이 특징이다.

하도리
하도철새도래지
지미봉
우도
다랑쉬오름
은월봉
두산봉
성산리
수산리
대수산봉
소수산봉
온평리
통오름
독자봉
신산리

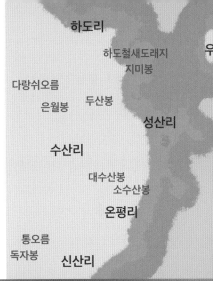

괭이갈매기

학명(Larus crassirostris)

영명(Black-tailed Gull)

겨울이 되면 제주도 해안가에서 쉽게 볼 수 있는 새이다. 사람을 덜 경계하여 먹이를 받아먹기 위해 근처를 맴돌기도 한다. 특히 시흥-종달 해안가에서 파는 한치들을 손질할 때 내장을 먹기 위해 많은 개체가 머문다.

구레나룻제비갈매기

학명(Chlidonias hybrida), 영명(Whiskered Tern)

가을철이나 늦은 봄철에 무리 지어 제주에 머물다 가는 새이다. 수면 위를 낮게 날며 먹이활동을 한다. 때때로 여러 마리가 무리 지어 먹이활동을 하기도 한다. 하도 철새도래지부터 시흥-종달 해안가, 오조 하수종말처리장까지 활동 범위가 매우 넓다.

하도리
하도철새도래지
지미봉
우도
다랑쉬오름
은월봉
두산봉
성산리
수산리
대수산봉
소수산봉
온평리
통오름
독자봉
신산리

유조

179

귀뿔논병아리 관심대상-감소

학명(Podiceps auritus)

영명(Horned Grebe)

겨울이 되면 성산일출봉 앞바다에서 2~3마리가 다니는 것을 볼 수 있다. 이외에도 동쪽 해안가에서 먹이 활동 중인 오리들 사이에서 한 마리씩 관찰되기도 한다. 주로 관찰된 곳은 성산일출봉 앞바다와 신산리 앞바다이다.

하도리
하도철새도래지
지미봉
우
다랑쉬오름
은월봉 두산봉
성산리
수산리
대수산봉
소수산봉
온평리
통오름
독자봉 신산리

귀제비

학명(Cecropis daurica)

영명(Red-rumped Swallow)

제주도 늦은 여름철에 먹이활동을 하는 모습이 종종 관찰된다.
하도 철새도래지 갈대밭 위를 날아다니며 먹이활동 하는 무리를
볼 수 있으며, 제비와 함께 다니기도 한다.

하도리

우도

하도철새도래지
지미봉

다랑쉬오름

은월봉   두산봉

성산리

수산리

대수산봉
소수산봉

온평리

통오름
독자봉   신산리

긴꼬리딱새 준위협-감소

학명(Terpsiphone atrocaudata), 영명(Black Paradise Flycatcher)

여름철 제주도 오름에 찾아오는 여름 철새이다. 생김새가 무척 아름답고, 울음소리도 독특하다. 특히 수컷의 경우 자신의 몸길이의 3~4배되는 꼬리를 가지고 있다. 두산봉, 은월봉, 독자봉, 대수산봉 등등 여러 오름에서 관찰되며 새를 부르는 버드콜을 하였을 때, 응답을 잘해준다. 심지어 사람 바로 옆에 날아올 정도로 호기심이 많다.

긴꼬리때까치

학명(Lanius schach), 영명(Long-tailed Shrike)

다른 때까치에 비해 긴 꼬리와 날개를 접었을 때 조그맣게 보이는 하얀 반점이 특징이다. 겨울철에 갈대밭 등지에서 활동하는 새이다. 오조 하수종말처리장 갈대밭에서 이리저리 돌아다니는 것을 관찰할 수 있다.

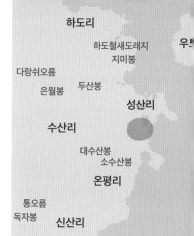

하도리
하도철새도래지
지미봉
욱
다랑쉬오름
은월봉　두산봉
성산리
수산리
대수산봉
소수산봉
온평리
통오름
독자봉　　신산리

까마귀(토종)

학명(Corvus corone)
영명(Carrion Crow)
제주도 전 지역에서 볼 수 있는 새지만, 해안가에서는
3~4마리가 무리 지어 다니는 것을 볼 수 있다. 주로 동물
의 사체를 먹고, 하도리 바닷가에서 종종 관찰된다.

하도리
하도철새도래지
지미봉
다랑쉬오름
은월봉   두산봉
성산리
수산리
대수산봉
소수산봉
온평리
통오름
독자봉   신산리

깝작도요

학명(Actitis hypoleucos)

영명(Common Sandpiper)

제주도 해안 암반 지대와 모래 지대 어디에서든 흔하게 볼 수 있는 도요새이다. 끊임없이 꼬리를 까딱거리는 것이 특징이며, 크기는 참새보다 크고 비둘기보다 작다.

하도리

하도철새도래지

지미봉

우도

다랑쉬오름

은월봉 두산봉

성산리

수산리

대수산봉

소수산봉

온평리

통오름

독자봉 신산리

항구 근처에서는 종종 기름때가 묻은 갈매기를 볼 수 있다. 이 기름때는 새들에게 너무 치명적이다. 물에 뜨고, 젖지 않도록 보호하는 깃털이 제역할을 못 하게 되고, 결국 머잖아 저체온증으로 죽게 된다. 인간 근처에서 살아가는 물새가 안고 살아가는 위험으로, 새들에게는 질병과 같다.

꺅도요　관심대상-감소

학명(Gallinago gallinago), 영명(Common Snipe)

주로 갈대밭에 숨어있으며 꺅, 꺅 하고 우는 소리를 낸다. 개구리매와 같이 갈대밭 위를 낮게 나는 맹금류가 비행할 때 종종 날아오른다. 꺅도요와 꺅도요사촌, 바늘꼬리꺅도요는 생김새가 매우 유사하여 구분하기 힘들다.

꼬까도요

학명(Arenaria interpres), 영명(Ruddy Turnstone)
여름철에 제주도 해안가에서 먹이활동을 하는 모습을 볼 수 있다.
다른 도요새 무리와 함께 다닌다. 덩치가 큰 편에 속하고, 검고
붉은 몸 색이 독특하다. 시흥-종달 해안가에서 자주 관찰되지만,
이외의 양식장 근처에서도 관찰된다.

하도리
하도철새도래지   우도
지미봉
다랑쉬오름
은월봉   두산봉
성산리
수산리
대수산봉
소수산봉
온평리
통오름
독자봉   신산리

여름깃

꼬마물떼새 관심대상

학명(Charadrius dubius), 영명(Little Ringed Plover)
봄-여름 이동철에 도요새들과 섞여 다니는 것을 볼 수 있다.
마치 안경을 쓴 것 같은 노란 눈 테가 특징이다. 시흥-종달 해
안가와 하도리 해안가에서 자주 관찰된다.

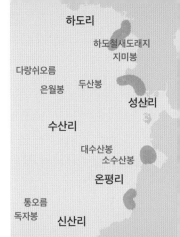

하도리
하도철새도래지
지미봉
다랑쉬오름
은월봉   두산봉
성산리
수산리
대수산봉
소수산봉
온평리
통오름
독자봉   신산리

꾀꼬리

학명(Oriolus chinensis), 영명(Black-naped Oriole)

늦은 여름철에 소나무 숲에서 종종 보이는 새이다. 중산간에서는 번식기 때 내는 울음소리가 들리고 종종 어린 새가 발견되기 때문에 번식하는 것으로 예상한다. 하도 철새도래지 옆의 소나무 숲에서 먹이활동 하는 것을 볼 수 있는데, 주로 애벌레를 먹으며 잠깐 머물다가 떠난다.

하도리
하도철새도래지
지미봉
우도
다랑쉬오름
은월봉   두산봉
성산리
수산리
대수산봉
소수산봉
온평리
통오름
독자봉   신산리

꿩

학명(Phasianus colchicus)
영명(Ring-necked Pheasant)

제주도 전지역에서 쉽게 관찰할 수 있는 새이다. 특히 밭에서 자주
볼 수 있으며, 겁이 많아 사람을 보면 '꿩꿩꿩-'울며 날아간다. 수
컷은 암컷에 비해 화려한 몸과 긴 꼬리를 가지고 있고, 봄이 되면
여러 마리의 수컷이 영역 다툼을 하는 것을 관찰할 수 있다. 주된
먹이는 밭에서 나는 농작물과 풀씨이다.

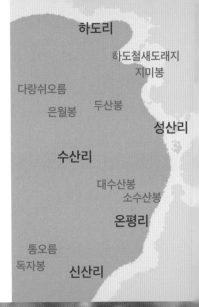

넓적부리

학명(Anas clypeata), 영명(Northern Shoveler)
겨울철 제주를 찾아오는 겨울 철새이다. 다른 오리에 비해
넓적한 부리가 특징이다. 10월 하도 철새도래지에서 관찰되
는 넓적부리 중에서는 깃갈이를 하는 개체가 많이 보인다.
새가 깃갈이를 하는 조건은 충분한 먹이와 안전한 공간이므
로, 넓적부리들이 하도 철새도래지에서 깃갈이를 하는 것이
의미가 있다.

하도리

하도철새도래지   우도
지미봉

다랑쉬오름
은월봉   두산봉
성산리

수산리

대수산봉
소수산봉

온평리

통오름
독자봉   신산리

노랑발도요

학명(Heteroscelus brevipes), 영명(Grey-tailed Tattler)

봄-가을 이동철에 제주도 해안가에서 쉽게 볼 수 있는 도요새이다. 이름처럼 발이 노랗고, 해안가의 암반 지대를 주로 돌아다닌다. 시흥-종달 해안가에서 자주 관찰된다.

194

노랑부리백로
국제적 멸종위기종, 천연기념물 361호, 멸종위기야생동물 1급

학명(Egretta eulophotes), 영명(Chinese Egret)

노란 부리와 노란 발가락이 특징이며, 봄-여름 이동철에 제주도 해안가에서 종종 관찰된다. 시흥-종달 해안가에서 혼자서 먹이 활동하는 개체가 몇 번 관찰되었으며, 종종 양식장 근처에서도 볼 수 있다.

하도리
하도철새도래지
지미봉
다랑쉬오름
은월봉 두산봉
성산리
수산리
대수산봉
소수산봉
온평리
통오름
독자봉 신산리

노랑부리저어새
천연기념물 205-2호, 멸종위기야생동물 1급

학명(Platalea leucorodia), 영명(Eurasian Spoonbill)
겨울이 되면 제주를 찾아오는 겨울 철새이다. 저어새 무리에 섞여서 관찰되며, 저어새와 달리 눈과 부리의 경계 구분이 명확하다. 또한 저어새보다 덩치가 조금 크고, 부리 아래의 멱이 노란 것이 특징이다. 주로 시흥-종달 해안가와 하도 철새도래지, 오조 하수종말처리장을 오가며 먹이활동과 휴식을 반복한다.

노랑부리저어새(좌)와 저어새(우)

노랑할미새

학명(Motacilla cinerea)
영명(Grey Wagtail)
해안가에서 쉽게 만날 수 있는 새이다. 다른 할미새들과
마찬가지로 꼬리를 위아래로 까닥거리며, 이름처럼 노란
몸이 선명하다. 하도 철새도래지 갈대밭 안쪽에 위치한
물웅덩이에서 자주 물 목욕하는 것을 관찰할 수 있다.

하도리
하도철새도래지
우도
지미봉
다랑쉬오름
은월봉 두산봉
성산리
수산리
대수산봉
소수산봉
온평리
통오름
독자봉 신산리

논병아리 관심대상-감소

학명(Tachybaptus ruficollis), 영명(Little Grebe)

제주도 습지와 바다, 어디서든 볼 수 있는 작은 새이다. 잠수를 무척 잘하고, 때때로 자기 머리만 한 먹이를 통째로 삼키는 모습을 보여준다. 발은 물갈퀴 대신 넓적한 발가락인 판족의 형태를 가지고 있다. 하도 철새도래지 갈대밭에서 어린 새들을 관찰하여 번식을 확인하였다.

하도리

하도철새도래지
지미봉

다랑쉬오름

은월봉   두산봉

성산리

수산리

대수산봉
소수산봉

온평리

통오름

독자봉   신산리

여름 깃

겨울 깃

댕기물떼새

학명(Vanellus vanellus), 영명(Northern Lapwing)

겨울철에 해안가나 바위 지대에서 관찰할 수 있는 새이다. 날개가 덩치에 비해 커서 비행하는 모습이 무척 인상적이다. 썰물이 된 시흥-종달 해안가에서 먹이활동을 하는 모습을 가끔 볼 수 있으며, 대부분 하도 철새도래지의 암반 지대에서 휴식하는 모습을 볼 수 있다.

하도리
하도철새도래지
지미봉
다랑쉬오름
은월봉 두산봉
성산리
수산리
대수산봉
소수산봉
온평리
통오름
독자봉 신산리

199

말과 황로. 말이 풀을 먹기 위해 풀숲을
거닐면 황로가 기다렸다가 뛰어오르는
여치와 메뚜기를 낚아챈다.

댕기흰죽지

학명(Aythya fuligula), 영명(Tufted Duck)

겨울이 되면 제주를 찾아오는 겨울 철새이다. 다른 오리들과 달리 잠수해서 먹이활동을 한다. 뒷머리에 삐죽 튀어나온 댕기가 인상적이다. 썰물 때에는 하도 철새도래지 안쪽 갈대밭에서 무리 지어 휴식하다가, 밀물이 되면 바다로 나가거나 성산일출봉 근처로 이동하여 먹이활동을 한다.

하도리
하도철새도래지
지미봉
다랑쉬오름
은월봉
두산봉
성산리
수산리
대수산봉
소수산봉
온평리
통오름
독자봉
신산리

202

덤불해오라기 관심대상

학명(Ixobrychus sinensis)
영명(Chinese Little Bittern)
습지 근처에서 관찰할 수 있는 새이다. 여름철에 간혹 보인다. 하지만 무척 예민하고, 움직임이 눈에 띄지 않아 탐조할 때 신경 써야 한다. 인기척을 느끼거나 위협을 느끼면 목을 꼿꼿하게 펴고 마치 갈대인 것처럼 행동한다.

하도리
하도철새도래지
지미봉
다랑쉬오름
은월봉   두산봉
성산리
수산리
대수산봉
소수산봉
온평리
통오름
독자봉   신산리

독수리 천연기념물 243-1호, 멸종위기야생동물 2급, 준위협-감소

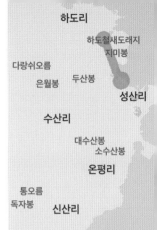

학명(Aegypius monachus), 영명(Cinereous Vulture)

눈이 많이 내린 겨울이면 한라산에서 해안가로 내려와 먹이활동을
하는 대형 맹금류이다. 눈보라가 몰아치던 날 하도리 상공에서 시
흥-종달 해안가까지 비행하는 모습을 관찰했다.

동박새

학명(Zosterops japonicus), 영명(Japanese White-eye)
제주 어디서든 볼 수 있는 귀여운 새이다. 하얀 눈 테는 마치 안경을 쓴 것 같고, 초록색 몸은 푸른 나무 속에서 몸을 숨겨준다. 과즙이나 꽃의 꿀을 주로 먹는데, 이때 꽃가루를 옮기는 역할도 함으로써 화수분을 하는 새이다.

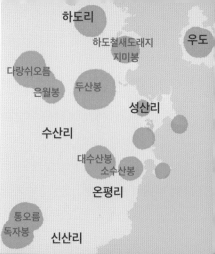

하도리
하도철새도래지
지미봉
우도
다랑쉬오름
은월봉   두산봉
성산리
수산리
대수산봉
소수산봉
온평리
통오름
독자봉
신산리

두견이 　천연기념물 447호

학명(Cuculus poliocephalus), 영명(Lesser Cuckoo)

여름철 오름 지대에서 울음소리를 쉽게 들을 수 있고, 나무 꼭대기에 앉아있는 모습을 종종 관찰할 수 있다. 외견이 뻐꾸기와 비슷하며, 뻐꾸기와 마찬가지로 탁란한다. 주로 휘파람새의 둥지에 탁란한다.

하도리

하도철새도래지
지미봉

다랑쉬오름

은월봉　　두산봉

성산리

수산리

대수산봉
소수산봉

온평리

통오름
독자봉

신산리

딱새

학명(Phoenicurus auroreus)

영명(Daurian Redstart)

봄철이 되면 제주도 풀밭에서 활발하게 움직이는 새이다. 그 이외의 시기에도 관찰되고, 꼬리를 까닥까닥하며 '딱, 딱' 운다. 오조 하수종말처리장 근처 덤불에서 자주 관찰되며, 이른 겨울부터 봄 사이에 가장 많이 볼 수 있다.

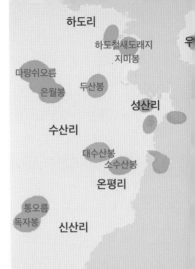

때까치 관심대상-감소

학명(Lanius bucephalus), 영명(Bull-headed Shrike)

제주도 전지역에서 언제나 볼 수 있는 새이다. 자신의 구역에 대한 애정이 높아서 다른 새들과 많이 싸우기도 한다. 특히 이른 봄철에 가장 활발하다. 먹이를 나무 가시나 철조망에 끼워두는 습성이 있는 것으로 유명한데, 아직 이 행동의 명확한 목적은 모른다고 한다. 하도 철새도래지와 오조 하수종말처리장 등 항상 정해진 장소에서 관찰된다.

마도요 준위협-감소

학명(Numenius arquata), 영명(Eurasian Curlew)
시흥-종달 해안가에서 썰물이 되면 드러나는 모래밭에서
2~3마리 정도가 다른 도요새와 함께 먹이 활동 하는 것을
종종 볼 수 있다. 주로 봄과 가을에 제주를 찾으며, 길게는
2주 정도 머무른다. 길고 휘어진 부리가 특징이다.

하도리
하도철새도래지 우도
지미봉
다랑쉬오름
은월봉 두산봉
성산리
수산리
대수산봉
소수산봉
온평리
통오름
독자봉 신산리

말똥가리 멸종위기야생동물 2급

학명(Buteo buteo), 영명(Common Buzzard)

겨울이 되고, 겨울 철새 중 오리들이 제주를 찾을 때쯤이면 늘 찾아오는 맹금류이다. 날개를 펼쳤을 때 날개 아랫면의 검은 무늬가 마치 말똥 같다고 하여 말똥가리라는 이름이 붙었으며, 소형 포유류나 조류를 주된 먹이로 한다. 제주에서는 '똥소래기'라고도 불린다. 하도 철새도래지에서는 검독수리와 싸우는 모습을 심심찮게 관찰할 수 있다.

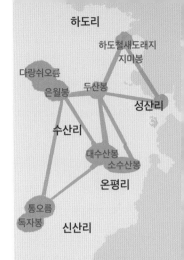

매 천연기념물 323-7호, 멸종위기야생동물 1급

학명(Falco peregrinus), 영명(Peregrine Falcon)

1년 내내 볼 수 있는 맹금류이다. 절벽을 포함한 오름이나 해안가에서 번식하고, 다른 맹금류들과 종종 다투는 모습을 볼 수 있다. 어린 매의 경우에 겁이 없고 용감하다. 크기가 작은 논병아리나 물닭, 괭이갈매기, 팔색조, 긴꼬리딱새 등 거의 모든 새의 천적이다. 섭지코지에서는 메이팅(짝짓기)하는 모습이 관찰되는 등 동쪽 제주 해안가에서 매가 활발하게 활동하고 있음을 알 수 있다.

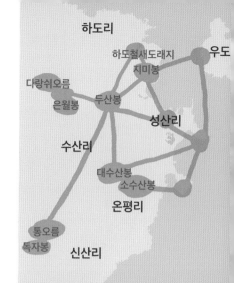

사냥에 성공한 매

섭지코지에서 메이팅 하는 모습

메추라기도요 관심대상

학명(Calidris acuminata), 영명(Sharp-tailed Sandpiper)

여름철 도요새가 무리 지어 다니는 시기에 관찰되는 새이다. 파래 위를 다니며 먹이활동을 한다. 덩치가 작고 여러 마리가 함께 뭉쳐 이동한다. 하도 철새도래지와 시흥-종달 해안가에서 관찰할 수 있다.

하도리
하도철새도래지
지미봉
우
다랑쉬오름
은월봉   두산봉
성산리
수산리
대수산봉
소수산봉
온평리
통오름
독자봉   신산리

멧비둘기

학명(Streptopelia orientalis), 영명(Oriental Turtle Dove)

산비둘기라고도 불리며, 누구나 한 번쯤은 들어봤을 독특한 울음소리를 가지고 있다. 인가에 섞여 사는 집비둘기와 달리 주로 산속에서 관찰되지만, 제주도에서는 조금 한적한 동네라면 어디서든 볼 수 있다.

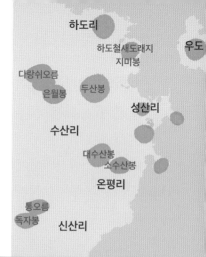

멧새 관심대상

학명(Emberiza cioides), 영명(Meadow Bunting)
삼림 지대에서 볼 수 있는 겨울 철새이다. 특히 오름에서 자주
만날 수 있다. 참새와 비슷하다고 느낄 수 있는데, 참새에 비해
멧새는 꼬리가 긴 편이다. 또한, 노랫소리의 레퍼토리가 다양
하여 다른 새와 명확히 구분된다.

하도리
하도철새도래지
지미봉
다랑쉬오름
온월봉 두산봉
성산리
수산리
대수산봉
소수산봉
온평리
통오름
독자봉 신산리
우

물닭

학명(Fulica atra), 영명(Common Coot)

점점 더 많이 제주를 찾아오는 겨울 철새이다. 까만 몸과 하얀 부리가 인상적이고, 겁이 없는 편이다. 사람이 가만히 있으면 그 근처까지 와서 먹이활동을 한다. 논병아리처럼 물갈퀴 대신 넓적한 발가락인 판족을 가지고 있다. 물 위에 있을 때 비행하기 위해서는 물을 박차고 도약해야 날 수 있다.

하도리
하도철새도래지
지미봉
다랑쉬오름
은월봉   두산봉
성산리
수산리
대수산봉
소수산봉
온평리
통오름
독자봉   신산리

217

물수리 멸종위기야생동물 2급

학명(Pandion haliaetus), 영명(Osprey)

제주를 찾아오는 겨울 철새지만, 제주도에서 번식기록을 가지고 있는 새이기도 하다. 하도 철새도래지에서는 쉽게 볼 수 있는 맹금류이며, 종종 5~6마리가 동시에 비행하기도 한다. 먹이 사냥을 시도하는 모습도 자주 관찰할 수 있지만, 실제로 먹이 사냥에 성공하는 경우는 드물다. 애써 잡은 먹이를 갈매기에게 허무하게 빼앗기는 일도 허다하다.

하도리
하도철새도래지
지미봉
다랑쉬오름
은월봉   두산봉
성산리
수산리
대수산봉
소수산봉
온평리
통오름
독자봉   신산리

사냥 성공한 물수리

물총새

학명(Alcedo atthis), 영명(Common Kingfisher)

제주도 해안가에서 가끔 볼 수 있는 새이다. 해안 절벽에서 번식한다고 알려져 있다. 암컷은 아래 부리가 주황색이고 수컷은 검은색이다. 먹이를 사냥할 때 정지비행(호버링)을 하며 먹이를 탐색하고 빠르게 물속에 내리꽂는다. 하도 철새도래지와 오조 하수종말처리장 근처에서 자주 관찰된다.

하도리
하도철새도래지
지미봉
다랑쉬오름
은월봉   두산봉
성산리
수산리
대수산봉
소수산봉
온평리
통오름
독자봉   신산리

민물가마우지 **관심대상**

학명(Phalacrocorax carbo), 영명(Great Cormorant)

가마우지와 함께 자주 관찰되는 새이다. 가마우지와의 구분이 어려워서
보통 '가마우지들'로 불린다. 양식장 근처나 바다에서 잠수하여 물고기를
잡는 새지만, 갈매기에게 자주 먹이를 빼앗긴다. 먹이 활동을 하지 않을
때는 바위 위에 앉아 날개를 펼쳐 말리는 모습을 볼 수 있다.

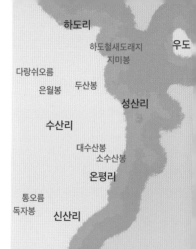

221

민물도요

학명(Calidris alpina), 영명(Dunlin)

겨울과 여름, 새가 많이 이동하는 시기에 보이는 도요새이다. 한 번에 많은 무리를 지어서 이동하며, 썰물 때에는 물이 빠진 바닷가 모래톱을 돌아다니며 먹이활동을 하고, 밀물 때에는 해안가 바위에서 휴식하는 모습을 볼 수 있다. 시흥-종달 해안가에서 자주 관찰된다.

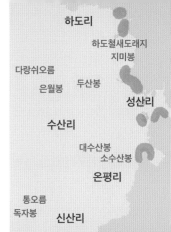

바다비오리

학명(Mergus serrator), 영명(Red-breasted Merganser)

겨울이 되면 제주도 바닷가에서 먹이활동 하는 모습을 볼 수 있다. 단독으로 움직이기도 하지만, 여러 마리가 함께 움직일 때도 있다. 하도 앞바다에서 수컷 한 마리와 암컷 여러 마리가 함께 이동하는 것을 관찰할 수 있다.

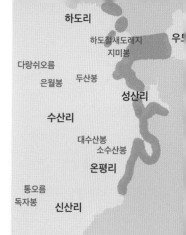

때때로 아이들은 어른이 보지 못하는 세계를 본다. 보게 되면 관심이 생기고, 관심은 곧 애정이 된다. 말로만 사랑하는 것이 아닌 직접 움직이며 행동하는 사랑이 얼마나 아름다운지 직접 배운다. 우리는 자연으로부터 사랑하는 법을 배운다.

바다직박구리

학명(Monticola solitarius), 영명(Blue Rock thrush)

제주도 해안가 지역에서 자주 볼 수 있는 새이다. 곤충을 주로 사냥해 먹는다. 이따금 지네를 사냥해서 먹는 것을 관찰할 수 있다. 수컷의 경우 파란색과 붉은색의 깃을 가지고 있어 쉽게 눈에 띄고, 암컷의 경우 전체적으로 짙은 고동색이어서 눈에 잘 띄지 않는다. 섭지코지 절벽에서 솜털을 달고 있는 어린 새 여러 마리가 돌아다니며 먹이활동을 하는 것을 관찰할 수 있었고, 이것으로 섭지코지에서 번식한다고 예상할 수 있다.

하도리

하도철새도래지
지미봉

름

월봉　두산봉

성산리

수산리

대수산봉
소수산봉

온평리

신산리

암컷

수컷

박새

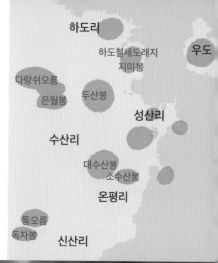

학명(Parus major), 영명(Great Tit)

숲속과 인가에서 볼 수 있는 텃새이다. 배를 가로지르는 굵은 세로줄이 특징이고, 어린 새의 경우 배가 약간 노란 색을 띤다. 울음소리가 다양하고, 단단한 열매도 곧잘 부수어 먹는다.

하도리

하도철새도래지
지미봉

우도

다랑쉬오름
은월봉   두산봉

성산리

수산리

대수산봉
소수산봉

온평리

통오름
독자봉   신산리

발구지

학명(Anas querquedula), 영명(Garganey)

이른 여름철 하도리 철새도래지 갈대밭에서 2~3마리가 함께 쉬는 것을 관찰했다. 오래 머물지 않고 잠깐 지내다 가는 새이다. 흰뺨검둥오리와 비슷하게 생겼지만, 흰뺨검둥오리는 뺨이 희고 부리 끝이 노란 것에 비해, 발구지는 부리 옆에 하얀 점이 있고 부리 끝이 노랗지 않다.

하도리
하도철새도래지
지미봉
다랑쉬오름
은월봉   두산봉
성산리
수산리
대수산봉
소수산봉
온평리
통오름
독자봉   신산리

228

백할미새

학명(Motacilla lugens), 영명(Black-backed Wagtail)
제주도 전지역에서 관찰할 수 있는 텃새이다. 꼬리를 끊임없이 까닥거리며 돌아다닌다. 어린 새의 경우 배가 노란색을 띤다. 하도 철새도래지와 시흥-종달 해안가, 오조 하수종말처리장의 물가에서 자주 보인다.

하도리
하도철새도래지
지미봉
우도
다랑쉬오름
은월봉
두산봉
성산리
수산리
대수산봉
소수산봉
온평리
통오름
독자봉
신산리

붉은부리갈매기 관심대상-감소

학명(Larus ridibundus), 영명(Black-headed Gull)

겨울철에 갈매기 무리에 섞여서 소수가 월동한다. 덩치가 작고 부리와 다리가 붉은 것이 특징이다. 검은머리갈매기처럼 수면 위를 낮게 날며 먹이활동하고, 시흥-종달 해안가에서 주로 관찰된다.

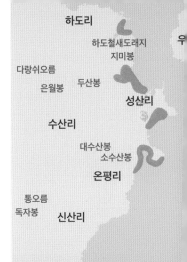

하도리
하도철새도래지
우
지미봉
다랑쉬오름
은월봉   두산봉
성산리
수산리
대수산봉
소수산봉
온평리
통오름
독자봉   신산리

붉은부리큰제비갈매기

학명(Hydroprogne caspia), 영명(Caspian Tern)

2018년도에 제주를 찾아온 길잃은 새이다. 이후로도 같은 시기에 2~3마리씩 꾸준히 찾아왔었다. 다른 갈매기 무리에 섞여 휴식하는 모습을 자주 관찰했으며, 바람이 많이 부는 날 하도 철새도래지 상공을 비행하는 것을 관찰하기도 했다.

하도리
하도철새도래지
지미봉
우도
다랑쉬오름
은월봉   두산봉
성산리
수산리
대수산봉
소수산봉
온평리
통오름
독자봉   신산리

붉은어깨도요 위기-감소

학명(Calidris tenuirostris), 영명(Great Knot)

간혹 해안가에서 다른 도요와 섞여서 활동하는 것을 볼 수 있다.
시흥-종달 해안가에서 여러 마리가 모여 휴식하는 것을 관찰했다.
며칠 후, 근처의 내수면에서 쉬고 있는 한 개체도 관찰했다.

하도리
하도철새도래지
지미봉
다랑쉬오름
은월봉 두산봉
성산리
수산리
대수산봉
소수산봉
온평리
통오름
독자봉 신산리

232

뿔논병아리

학명(Podiceps cristatus), 영명(Great Crested Grebe)

성산 앞바다에 40~50마리가 무리 지어서 겨울을 지낸다. 3월이 되면 겨울 깃을 가진 개체와 여름 깃을 가진 개체를 동시에 볼 수 있고, 종종 파래를 물고 서로 사랑의 춤을 추기도 한다. 성산일출봉 앞바다에서 잠수하며 먹이활동 하는 것을 관찰할 수 있다.

하도리
하도철새도래지   우ㅌ
지미봉
다랑쉬오름   두산봉
은월봉   성산리
수산리
대수산봉
소수산봉
온평리
통오름
독자봉   신산리

겨울 깃

여름 깃

233

뿔쇠오리

천연기념물 450호, 멸종위기야생동물 2급, 취약-감소

학명(Synthliboramphus wumizusume), 영명(Crested Murrelet)

성산 일출봉 바다에서 3-4마리가 월동하는 것을 관찰했다. 이때 관찰된 뿔쇠오리가 여름 깃인 것으로 보아 번식 가능성이 높다고 생각된다.

하도리
하도철새도래지   우
지미봉
다랑쉬오름
은월봉   두산봉
성산리
수산리
대수산봉
소수산봉
온평리
통오름
독자봉   신산리

새매 천연기념물 323-4호

학명(Accipiter nisus), 영명(Eurasian Sparrowhawk)

겨울이 되면 제주를 찾아오는 맹금류이다. 행동이 아주 재빠르고, 나무 사이를 날아다니며 먹이를 탐색한다. 하도 철새도래지의 숲 사이를 오가며 비행하는 것을 볼 수 있으며, 새매가 비행할 때면 소형 조류들이 시끄럽게 경고음을 낸다.

새와 사람이 더불어 살아갈 수 없을까? 그에 대한 해답은 이미 어부와 저어새가 가지고 있다. 겁쟁이로 소문난 저어새는 어부를 두려워하지 않고, 바닷물이 빠진 뭍을 걸어 다니며 일을 하는 어부는 바로 옆에서 먹이활동 하는 저어새를 신경 쓰지 않는다. 그 모습을 보며 진정한 평화란 무엇인지, 진정한 공존이란 무엇인지 다시 한번 생각해 보게 된다.

새호리기 멸종위기야생동물 2급, 관심대상

학명(Falco subbuteo), 영명(Eurasian Hobby)

지미봉 정상에서 관찰되었던 새다. 매의 유조(어린새)와 헷갈릴 수 있는데, 매의 유조는 색이 좀 더 어둡고 크림색 배에 굵은 세로줄이 있지만 새호리기는 하얀색 배에 굵은 세로줄이 있다. 또한 붉은 아래 꼬리덮깃을 가지고 있다는 점에서 큰 차이가 있다.

세가락도요

학명(Calidris alba), 영명(Sanderling)

가을철이나 봄철, 도요새가 많이 이동하는 시기에 관찰할 수 있는 새이다. 시흥-종달 해안가에서 자주 볼 수 있으며, 흰물떼새 떼와 함께 활동한다. 이름에서 알 수 있듯이 발가락이 세 개인 것이 특징이다.

하도리
하도철새도래지   우도
지미봉
다랑쉬오름
은월봉   두산봉   성산리
수산리
대수산봉
소수산봉
온평리
통오름
독자봉   신산리

239

송곳부리도요

학명(Limicola falcinellus), 영명(Broad-billed Sandpiper)

시흥-종달 해안가에서 다른 도요무리에 섞여 먹이활동 하는 것을 관찰할 수 있다. 다른 도요와 비교해서 부리 끝이 아래로 약간 꺾인 것이 특징이다. 주로 봄과 가을철, 나그네새들이 이동하는 시기에 잠깐 머무른다.

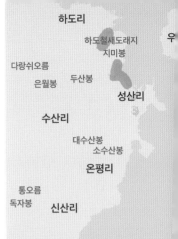

쇠가마우지 관심대상-감소

학명(Phalacrocorax pelagicus), 영명(Pelagic Cormorant)

여름철 가마우지 무리에 섞여 먹이활동 하는 모습을 관찰할 수 있다. 항구 내로 쉽게 들어와 활동하기도 한다. 종달리와 우도 사이 바다에서 활동하며, 성산일출봉 앞바다에서도 볼 수 있다. 민물가마우지나 가마우지와 달리 몸이 광택 있는 검은색이며, 부리가 얇고 여름이 되면 뺨이 붉은색으로 물든다. 또한 덩치도 작아서 구분하기 어렵지 않다.

241

쇠기러기

학명(Anser albifrons), 영명(Greater White-fronted Goose)
큰기러기에 비해 덩치가 작고, 종종 흰이마기러기가 이 쇠기러기
무리에 섞여서 오기도 한다. 주로 하도 철새도래지 풀밭에서 여린
싹을 뜯어먹으며 먹이 활동하거나 하도리 갈대밭 사이에서 몸을
숨기고 휴식한다.

하도리
하도철새도래지
지미봉
우
다랑쉬오름
은월봉   두산봉
성산리
수산리
대수산봉
소수산봉
온평리
통오름
독자봉   신산리

242

쇠물닭

학명(Gallinula chloropus), 영명(Common Moorhen)

여름철에 가끔 보이는 새이다. 경계심이 많고, 주 활동지가 갈대밭이기 때문에 관찰이 쉽지 않다. 물닭과 유사하게 생겼으나, 이마 판이 붉은 것이 다르다.

쇠백로

학명(Egretta garzetta), 영명(Little Egret)

제주도 전지역에서 언제든 볼 수 있는 새이다. 노란 발가락이 특징
이며, 다른 백로보다 덩치가 작다. 여름이 되면 보랏빛 눈화장을 하
고, 머리와 가슴, 등에 장식깃이 생긴다.

하도리

하도철새도래지
지미봉

다랑쉬오름
은월봉 두산봉

성산리

수산리

대수산봉
소수산봉

온평리

통오름
독자봉 신산리

쇠오리

학명(Anas crecca), 영명(Common Teal)

겨울철 제주도에서 볼 수 있는 소형 오리류이다. 덩치가 작고 겁이 많아 갈대밭을 들락날락한다. 암컷과 수컷 모두 날개를 접었을 때 초록빛 조각이 보이는 것이 특징이다. 하도 철새도래지 갈대밭과 오조 하수종말 처리장 갈대밭에서 관찰된다.

하도리
우도
하도철새도래지
지미봉
다랑쉬오름
은월봉   두산봉
성산리
수산리
대수산봉
소수산봉
온평리
통오름
독자봉   신산리

알락도요 준위협-감소

학명(Limosa lapponica), 영명(Bar-tailed Godwit)

여름철에 하도 철새도래지와 시흥-종달 해안가에서 다른 도요들 무리와 함께 먹이활동을 하는 것을 볼 수 있다. 등의 하얀 점박이 무늬가 특징이고, 물 위에 떠 있는 파래 더미 위를 걸어 다닐 정도로 가볍다.

하도리
하도철새도래지
지미봉
다랑쉬오름
은월봉   두산봉
성산리
수산리
대수산봉
소수산봉
온평리
통오름
독자봉   신산리

246

어치

학명(Garrulus glandarius), 영명(Eurasian Jay)

제주도 오름에서 볼 수 있으며, 물가에서도 자주 관찰된다. 무척 똑똑하고 곧잘 맹금류의 소리를 따라 한다. 덩치는 까치와 비슷하고 푸른 날개깃이 도드라지는 특징이다. 종종 다른 새들과 영역 다툼하는 것을 볼 수 있다.

H54번 가락지를 단 저어새를 올해도 성산 앞바다에서 만날 수 있었다. 2016년도부터 제주에서 겨울을 보내고 있다. 저어새의 월동 북방한계선을 제주 성산포로 기록되게 한 장본인이다. 내년 겨울을 기약하며 봄기운과 함께 북쪽으로 날아갔다.

왕눈물떼새 관심대상

학명(Charadrius mongolus), 영명(Mongolian Sand Plover)
모래톱에서 종종 관찰되는 겨울 철새이며, 다른 물떼새들과 섞여 다닌다. 시흥-종달 해안가와 신산리 해안에서 관찰했으며, 보통 겨울 깃 상태로 제주에서 머문다.

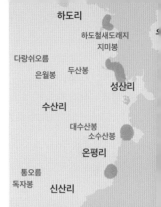

왜가리

학명(Ardea cinerea), 영명(Grey Heron)

제주도에서 쉽게 볼 수 있는 텃새이며, 양식장 근처와 해안가, 습지 등등 물가에서 먹이활동을 한다. 덩치는 큰 편이지만 경계심이 많아 조금만 놀라도 날아가 버린다. 저어새와 같이 있는 모습을 자주 볼 수 있다. 보통 저어새 한두 마리와 왜가리 5~6마리가 함께 있다 보니, 마치 저어새를 경호하는 것처럼 보인다. 저어새가 물속에 부리를 넣고 휘휘 저어 먹이 활동을 할 때 그 옆에서 같이 먹이활동을 한다.

하도리
하도철새도래지
지미봉
우도
다랑쉬오름
은월봉
두산봉
성산리
수산리
대수산봉
소수산봉
온평리
통오름
독자봉
신산리

원앙 천연기념물 327호

학명(Aix galericulata), 영명(Mandarin Duck)

제주도에서 겨울철에 볼 수 있는 새지만, 간혹 여름에도 남아서 번식하기도 한다. 시흥-종달 바닷가에서 5~6마리가 활동하는 것을 간혹 관찰할 수 있다. 다른 오리와 함께 섞여서 파래밭 위를 걸어 다니기도 한다.

하도리

하도철새도래지
지미봉

다랑쉬오름

은월봉 두산봉

성산리

수산리

대수산봉
소수산봉

온평리

통오름
독자봉 신산리

장다리물떼새

학명(Himantopus himantopus), 영명(Black-winged Stilt)

봄-여름 사이에 하도 철새도래지에서 쉽게 볼 수 있는 물떼새이다.
여름이 끝날 즈음에는 어린 새들도 관찰된다. 붉고 긴 다리가 특징
이며, 부리와 목이 가늘고 길어서 전체적으로 길쭉한 인상을 준다.

하도리

하도철새도래지
지미봉   우5

다랑쉬오름

은월봉   두산봉

성산리

수산리

대수산봉
소수산봉

온평리

통오름
독자봉   신산리

253

재갈매기

학명(Larus vegae), 영명(Vega Gull)

겨울철에 시흥-종달 바닷가에서 2,000마리 가까이 모여 있는 것을
볼 수 있다. 덩치가 크고, 겁이 없어서 사람들 근처까지 쉽게 온다.
괭이갈매기와 마찬가지로 인근에서 한치를 파는 가게에서 새벽마
다 버리는 한치의 내장을 먹기 위해 모여든 것이다.

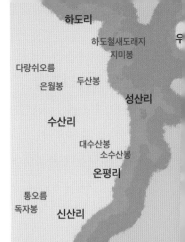

잿빛개구리매 천연기념물 323-6호, 멸종위기야생동물 2급

학명(Circus cyaneus), 영명(Hen Harrier)

겨울철 제주도에서 먹이활동을 하는 맹금류로, 갈대밭 위를 낮게 나는 모습을 종종 관찰할 수 있다. 가끔 갈대밭 사이로 내리꽂아 사냥을 시도한다. 도요새가 매우 경계하는 맹금류이다.

저어새 <small>천연기념물 205-1호, 멸종위기야생동물 1급</small>

학명(Platalea minor), 영명(Black-faced Spoonbill)

겨울마다 30~40마리씩 제주를 찾아오는 겨울 철새이다. 주걱처럼 넓적한 부리가 특징이며, H54 가락지를 차고 있는 개체는 2016년도부터 지금까지 꾸준히 제주를 찾아오고 있다. 다른 백로들과 비교해 덩치가 작고, 겁이 많아서 조그마한 기척에도 쉽게 날아오른다. 먹이활동은 얕은 물에서 부리를 담그고 좌우로 저어가며 수서생물을 잡아먹는다.

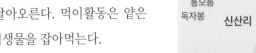

256

제비

학명(Hirundo rustica), 영명(Barn Swallow)
여름에 제주를 찾아오는 여름 철새로, 9월 이동 시기가 되면 몇천 마리씩 무리 지어 전깃줄에 앉아있는 모습을 관찰할 수 있다. 종종 제비 무리 사이에서 갈색제비나 흰털발제비 등 다른 새가 섞여 있기도 하다.

좀도요

학명(Calidris ruficollis), 영명(Red-necked Stint)
봄-가을 이동철에 민물도요 무리와 함께 다니는 것을 볼 수 있다.
덩치가 작고 행동이 재빠르다. 주로 썰물이 된 시흥-종달 해안가와
오조리 해안가에서 관찰할 수 있지만, 종종 파래가 뒤덮인 하도 철
새도래지에서 먹이활동 하는 것을 볼 수 있다.

259

하도리
하도철새도래지 지미봉
다랑쉬오름
은월봉 두산봉
성산리
수산리
대수산봉
소수산봉
온평리
통오름
독자봉 신산리

종달도요

학명(Calidris subminuta), 영명(Long-toed Stint)
여름철, 다른 도요 무리와 함께 하도 철새도래지와 시흥-종달 해안가에서
먹이활동을 한다. 덩치는 작은 편이고, 메추라기도요와 유사하게 생겼다.

줄기러기 관심대상-감소

학명(Anser indicus), 영명(Bar-headed Goose)

길잃은 새로 분류된 줄기러기가 성산리에서 쉬어갔다. 다른 오리류들과
섞이지 않고 앉아있거나, 비행하는 등의 행동을 보였다.

하도리
하도철새도래지
지미봉
우
다랑쉬오름
은월봉 두산봉
성산리
수산리
대수산봉
소수산봉
온평리
통오름
독자봉 신산리

하늘을 지배하는 큰말똥가리도 잠시 쉬기 위해 전봇대에 내려앉았다. 떼로 몰려다니며 장난치고 괴롭히는 것이 취미인 까치들이 하나둘 그 곁으로 모인다. 무서운 맹금류인 말똥가리는 귀찮아 가만히 있을 뿐이다.

중대백로

학명(Ardea modesta), 영명(Great Egret)

제주도 전지역에서 관찰할 수 있는 새이다. 다른 백로들과 함께 먹이활동 하는 것을 볼 수 있다. 주로 양식장 근처와 썰물이 된 시흥-종달 해안가에서 활동하며, 하도 철새도래지의 소나무 숲에서 휴식한다.

중부리도요 관심대상-감소

학명(Numenius phaeopus), 영명(Whimbrel)

봄-가을 이동철이 되면 다른 도요새와 함께 제주도 해안가에서 관찰된다. 보통 2주 정도 관찰된다. 시흥-종달 해안가와 오조 하수종말처리장에서 볼 수 있다.

찌르레기

학명(Sturnus cineraceus), 영명(White-cheeked Starling)

늦은 봄과 이른 여름 사이에 이동하는 무리를 볼 수 있다. 해안가의 삼림에서 10~20마리씩 활동하기도 한다. 몇몇 개체는 여름에 남아서 번식도 하고, 밭에서 무리 지어 먹이활동 하는 것을 오조리와 난산리에서 관찰할 수 있다.

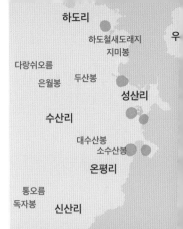

하도리
우
하도철새도래지
지미봉
다랑쉬오름
은월봉
두산봉
성산리
수산리
대수산봉
소수산봉
온평리
통오름
독자봉
신산리

청다리도요

학명(Tringa nebularia), 영명(Common Greenshank)

봄-가을 이동철에 해안가에서 적은 단위의 무리로 다니는 것을 관찰할
수 있다. 간혹 겨울에도 남아 월동하기도 한다. 주로 해안가 암반 지대
에서 휴식하는 것을 볼 수 있으며, 오조 하수종말처리장 근처의 갈대밭
에서 여러 마리가 함께 휴식한다.

하도리
하도철새도래지
지미봉
우도
다랑쉬오름
은월봉
두산봉
성산리
수산리
대수산봉
소수산봉
온평리
통오름
독자봉
신산리

청둥오리

학명(Anas platyrhynchos)
영명(Mallard)
겨울철에 많이 보이는 새이며, 여름에도 남아서 지내기도 한다.
흰뺨검둥오리 무리와 섞여서 지내는 것을 자주 관찰할 수 있으며,
종종 흰뺨검둥오리와 청둥오리의 잡종 오리가 발견되기도 한다.

하도리
하도철새도래지
지미봉
다랑쉬오름
은월봉 두산봉
성산리
수산리
대수산봉
소수산봉
온평리
통오름
독자봉 신산리

청머리오리 준위협-감소

학명(Anas falcata), 영명(Falcated Teal)
겨울철 제주를 찾아오는 겨울 철새로, 적은 수의 무리가 다른 오리류와 함께 어울려 먹이활동을 한다. 셋째 날개깃이 길어서 물위에 앉아있을 때 꼬리를 살짝 덮는 것이 특징이다. 주로 시흥-종달 해안가와 오조 하수종말처리장의 갈대밭에서 관찰할 수 있다.

하도리
하도철새도래지   우도
지미봉
다랑쉬오름
은월봉   두산봉
성산리
수산리
대수산봉
소수산봉
온평리
통오름
독자봉   신산리

초원수리 위기-감소

학명(Aquila nipalensis), 영명(Steppe Eagle)

하도 철새도래지 상공에서 아주 잠깐 관찰되었던 새이다. 날개 아랫면의 하얀 띠 부분이 다른 대형 맹금류들과 구분할 수 있는 초원수리만의 특징이다. 매우 높이 날아 육안으로는 동정이 불가능했다.

하도리
하도철새도래지
지미봉
다랑쉬오름
은월봉 두산봉
성산리
수산리
대수산봉
소수산봉
온평리
통오름
독자봉 신산리
우

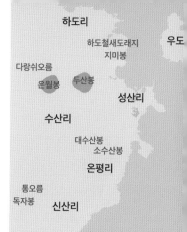

하도리
우도
하도철새도래지
지미봉
다랑쉬오름
은월봉 두산봉
성산리
수산리
대수산봉
소수산봉
온평리
통오름
독자봉 신산리

칡때까치 관심대상-감소

학명(Lanius tigrinus), 영명(Thick-billed Shrike)

제주도 오름 등지에서 볼 수 있는 새이다. 다른 때까치와 달리 회색 머리가
특징이며, 자신의 영역을 지키고자 하는 성질이 강하다. 은월봉에서 직박구
리와 싸우는 칡때까치 수컷 한 마리를 관찰하기도 했다.

271

큰고니 천연기념물 201-2호, 멸종위기야생동물 2급

학명(Cygnus cygnus), 영명(Whooper Swan)

제주에서 가끔 볼 수 있는 겨울 철새로, 주로 어린 새가 찾아온다. 하도 철새 도래지 갈대밭과, 오조 하수종말처리장의 갈대밭같이 몸을 숨기고 휴식할 수 있는 곳에서 관찰되며, 종종 바닷가에서 갈매기들 무리에 섞여 있다. 주된 먹이가 물에 사는 뿌리 식물이다 보니 제주에서 먹이를 구하기 힘들어 아사하거나 탈진하는 개체가 많다.

하도리
하도철새도래
지미봉
다랑쉬오름
은월봉   두산봉
성
수산리
대수산봉
소수산봉
온평리
통오름
독자봉   신산리

큰고니 유조

큰기러기 멸종위기야생동물 2급

학명(Anser fabalis), 영명(Bean Goose)

겨울철 30~40마리가 제주를 찾아온다. 주로 하도 철새도래지의 갈대밭과 오조 하수종말처리장 근처의 갈대밭을 오가며 휴식과 먹이활동을 한다. 날아오를 때 시끄럽게 울며 서로 소통한다. 한 번 날아오르면 쉽게 내려앉지 않고 상공에서 V자 대형을 이룬 채 선회한다.

하도리
하도철새도래지
지미봉
다랑쉬오름
은월봉   두산봉
성산리
수산리
대수산봉
소수산봉
온평리
통오름
독자봉   신산리

큰뒷부리도요

학명(Limosa lapponica), 영명(Bar-tailed Godwit)
봄철 시흥-종달 해안가에서 먹이활동을 하는 것을 볼 수 있다.
도요 중에서 덩치가 큰 편이고, 부리가 위로 살짝 휘어있는 것이
특징이다.

하도리
하도철새도래지   우도
지미봉
다랑쉬오름
은월봉   두산봉
성산리
수산리
대수산봉
소수산봉
온평리
통오름
독자봉   신산리

75

큰말똥가리 멸종위기야생동물 2급

학명(Buteo hemilasius), 영명(Upland Buzzard)

추운 겨울이 되면 먹이를 찾아 제주도까지 간혹 내려오는 맹금류이다. 말똥가리와 유사하게 생겼으나, 덩치가 더 크고 꼬리 밑면과 날개 윗면의 하얀색이 특징이다. 시흥-종달 해안가에서 흰뺨검둥오리를 사냥했으나 말똥가리에게 먹이를 빼앗기는 모습이 관찰된 적 있다.

큰오색딱따구리 관심대상-감소

학명(Dendrocopos leucotos), 영명(White-backed Woodpecker)

제주도의 상징 새인 큰오색딱따구리는 소나무 숲이 있는 곳에서 자주 관찰된다. 특히 하도 철새도래지 갈대밭 바로 옆 소나무 숲에서는 드러밍 소리가 계속 들린다. 수컷은 빨간 베레모를 쓰고 있고, 암컷은 검은 베레모를 쓰고 있다.

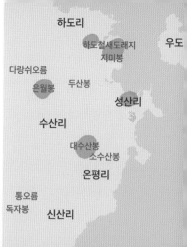

277

큰회색머리아비　관심대상-감소

학명(Gavia arctica), 영명(Arctic Diver)

제주도 해안가와 바다, 항구 등지에서 관찰할 수 있는 새이다. 과거에 비해 관찰되는 개체수가 줄고, 항구로 들어오는 개체 역시 희귀해졌다. 낚시하는 사람 옆에 앉아 털을 고르며 휴식할 정도로 겁이 없고, 낚시꾼들이 던지는 밑밥을 따라다니는 다른 물고기를 먹기도 한다. 하도리 앞바다와 성산 일출봉 앞바다, 종달리 항구, 성산 포구 등등에서 관찰할 수 있다.

하도리

하도철새도래지
지미봉

다랑쉬오름
은월봉　두산봉
성산리

수산리
대수산봉
소수산봉
온평리

통오름
독자봉　신산리

278

큰흰죽지

관심대상-감소

학명(Aythya valisineria), 영명(Canvasback)

성산리에서 드물게 관찰되는 겨울 철새로, 1~2마리가 제주를 찾아오는 것으로 알려져 있다. 오조 하수종말처리장에서 휴식하는 개체가 매년 찾아오고 있으며, 다른 흰죽지와 어울린다.

하도리
하도철새도래지
우도
지미봉
다랑쉬오름
은월봉
두산봉
성산리
수산리
대수산봉
소수산봉
온평리
통오름
독자봉
신산리

볕 좋은 날 동박새의 물 목욕. 명법사에서 순간 포착했다. 하도 철새도래지 안쪽 갈대밭에 물이 샘솟는 용천수가 있다. 아침이면 작은 새가 이 샘에 모여 물 목욕을 하고 간다.

호랑지빠귀

학명(Zoothera dauma), 영명(Scaly Thrush)

겨울철이 되면 눈밭을 거니는 모습을 볼 수 있고, 여름철에는 숲속에서 지렁이를 한 아름 물고 돌아다니는 것을 볼 수 있다. 팔색조와 먹이가 비슷하여, 호랑지빠귀가 서식 혹은 번식하는 곳에 팔색조가 발견되는 경우가 많다.

혹부리오리

학명(Tadorna tadorna), 영명(Common Shelduck)

겨울철 제주를 찾아오는 겨울 철새로, 오리류 중에서 큰 편에 속하며 무리를 지어서 먹이활동을 한다. 몸이 하얗고 부리가 짙은 분홍색이다 보니 먼 곳에서도 눈에 띈다. 그 때문인지 겁이 많아 인기척이 들리면 쉽게 날아오른다.

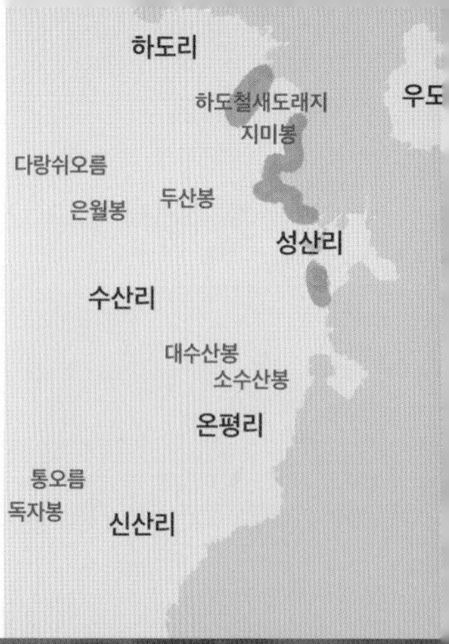

홍머리오리

학명(Anas penelope), 영명(Eurasian Wigeon)

겨울철 제주를 찾아오는 겨울 철새이며 많은 무리가 해안가, 특히 파래가 많은 곳에서 관찰된다. 하도 철새도래지부터 시흥-종달 해안가, 오조 하수종말처리장, 신산리와 난산리까지 어디서든 볼 수 있다. 과거에 비해 수가 늘어났다.

하도리
하도철새도래지
지미봉
다랑쉬오름
은월봉   두산봉
성산리
수산리
대수산봉
소수산봉
온평리
통오름
독자봉
신산리

황금새

학명(Ficedula narcissina), 영명(Narcissus Flycatcher)

여름철 제주도 오름에서 간혹 보이는 새이다. 노란 배와 눈썹, 검은 등이 특징이다. 흰눈썹황금새는 유사하게 생겼으나 눈썹이 하얗다는 점이 다르다. 대수산봉에서 관찰했다.

하도리
하도철새도래지   우도
지미봉
다랑쉬오름
은월봉   두산봉
성산리
수산리
대수산봉
소수산봉
온평리
통오름
독자봉   신산리

황로

하도리
하도철새도래지
지미봉
우
다랑쉬오름
은월봉
두산봉
성산리
수산리
대수산봉
소수산봉
온평리
통오름
독자봉
신산리

학명(Bubulcus ibis), 영명(Cattle Egret)

말과 소가 있는 곳을 찾아오는 여름 철새로, 그 주변에서 곤충을 먹는다.
종종 밭을 가는 트랙터 뒤를 따라다니며 곤충을 잡아먹기도 한다. 오조
하수종말처리장 근처의 방목된 말 주변에서 쉽게 관찰할 수 있다.

황새 천연기념물 199호, 멸종위기야생동물 1급, 위기-감소

학명(Ciconia boyciana), 영명(Oriental White Stork)

겨울철에 드물게 하도 철새도래지를 방문하는 새이다. 보통 한두 마리가 갈대밭 주변에서 관찰된다. 매우 덩치가 커서 쉽게 눈에 띤다. 시흥리의 갈대밭이 있을 때는 종종 그곳에서 휴식을 취했으나, 수로가 개발되고 갈대밭이 사라진 이후에는 찾아오지 않는다.

하도리
하도철새도래지   우도
지미봉
다랑쉬오름
은월봉   두산봉   성산리
수산리
대수산봉
소수산봉
온평리
통오름
독자봉   신산리

황조롱이 천연기념물 328-8호

학명(Falco tinnunculus), 영명(Common Kestrel)
겨울이 되면 제주를 찾아오는 맹금류로, 소형 포유류나 조류, 혹은 곤충
을 주식으로 한다. 먹이 사냥을 할 때 정지비행을 하는 특징이 있다. 하
도 철새도래지에서 자주 모습을 보인다.

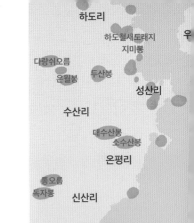

288

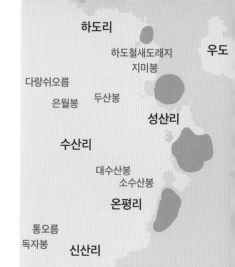

하도리
하도철새도래지
우도
지미봉
다랑쉬오름
은월봉　두산봉
성산리
수산리
대수산봉
소수산봉
온평리
통오름
독자봉　신산리

회색머리아비　　관심대상 –감소

학명(Pacific Loon), 영명(Gavia pacifica)

겨울이 되면 성산리 바닷가를 포함한 제주도 해안가에서 먹이활동과 휴식 활동을 하는 것이 드물게 관찰되는 새이다. 가마우지와 유사하게 행동하지만, 아비는 부리를 살짝 들고 있고 가마우지들은 부리를 수평으로 두고 있는 점에서 차이가 있다. 또한 완전히 검은 가마우지와 달리, 아비들의 겨울 깃은 짙은 회색에 가깝다.

휘파람새

학명(Cettia canturians), 영명(Japanese Bush Warbler)

제주도 산림에서 쉽게 소리를 들을 수 있는 새이다. 여름이 되면 아름
다운 휘파람 소리로 짝을 찾고, 겨울철이 되면 '칫, 칫' 거리는 단조로
운 울음소리를 낸다. 아름다운 목소리와 다르게 모습은 수수하게 생
겼다. 하도 철새도래지 갈대밭에서 오랜 시간 탐조 활동을 하면 종종
가까이 다가오는 호기심쟁이다.

흑꼬리도요 준위협-감소

학명(Limosa limosa), 영명(Black-tailed Godwit)

가을철 하도 철새도래지에서 종종 무리 지어서 먹이활동 하는 것
을 볼 수 있다. 오래 머물지 않고 잠깐 머물렀다가 떠난다.

하도리

하도철새도래지
지미봉

우5

다랑쉬오름

은월봉   두산봉

성산리

수산리

대수산봉
소수산봉

온평리

통오름
독자봉   신산리

흑두루미 취약-감소, 멸종위기야생동물 2급, 천연기념물 제 228호

학명(Hooded Crane), 영명(Grus monacha)

일본과 한반도를 이동하는 보기 드문 겨울 철새로, 제주도는 흑두루미의 중요한 기착지이다. 이동 시기가 되면, 제주도 각 지역에서 쉬고 있던 개체들이 몇백 마리씩 모여 서로 소통한 뒤, 제주시 조천읍 관곳에서 한반도를 향하여 날아가는 모습이 관찰되었다. 이때 관곳은, 제주와 한반도의 직선거리로 가장 가까운 곳이다.

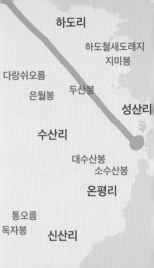

하도리
하도철새도래지
지미봉
다랑쉬오름
은월봉 두산봉
성산리
수산리
대수산봉
소수산봉
온평리
통오름
독자봉 신산리

흑로

학명(Egretta sacra), 영명(Reef Heron)

제주도 해안가 지역에서 한두 마리씩 관찰되는 새다. 다른 백로와 달리 몸이 검은색이고, 바위 지대에서 자주 먹이 활동하기 때문에 관찰할 때 집중해야 한다. 오조 하수종말처리장 근처의 소나무 숲으로 나뭇가지를 물고 가는 것을 관찰한 적 있으며, 이로써 번식 가능성도 고려해 볼 수 있다.

하도리
하도철새도래지
지미봉
다랑쉬오름
은월봉
두산봉
성산리
수산리
대수산봉
소수산봉
온평리
통오름
독자봉
신산리

매번 먹이를 물고 날아와 입에 넣어주는 것을 받아
먹기만 해본 아기참새는 바닥에 있는 먹이를 스스로
쪼아먹을 줄 모른다. 입을 벌리고 기다리는 모습이
다. 겉모습은 다 자란 것 같지만 아직 배워갈 것이 많
은 아기새에게 교육 중인 어미 새의 모습이다.

흰갈매기

학명(Larus hyperboreus), 영명(Glaucous Gull)

겨울철 갈매기 무리에 1~2마리가 섞여 있는 것을 볼 수 있다. 날개와 꼬리가 모두 하얀 것이 특징이고, 어린 새보다 어른 새가 더 깔끔한 하얀색 깃털을 가진다.

흰날개해오라기 　관심대상

학명(Ardeola bacchus), 영명(Chinese Pond Heron)
여름철 하도 철새도래지에서 어린 새가 종종 관찰된다. 소나무 위에 앉아
서 쉬거나, 물가의 바위에 앉아 먹이활동을 하는 모습을 볼 수 있다. 성조
의 경우 뚜렷한 흰 날개를 볼 수 있다.

하도리

하도철새도래지
지미봉
우도

다랑쉬오름
은월봉　　두산봉
성산리

수산리

대수산봉
소수산봉
온평리

통오름
독자봉　　신산리

흰물떼새

학명(Charadrius alexandrinus), 영명(Kentish Plover)

겨울철에 떼를 지어서 해안가에 머문다. 여름에도 남아서 해안 모래톱에서 산란하는 등의 모습을 관찰할 수 있다. 하도리 해안가에서 번식을 시도했으나, 해수욕을 즐기는 사람들의 침입으로 인해 번식에 실패했다.

흰뺨검둥오리

학명(Anas poecilorhyncha), 영명(Spot-billed Duck)

옛날에는 겨울에만 찾아오는 겨울 철새였지만, 이제는 제주도 어디든지 언제나 볼 수 있는 텃새가 되었다. 물가에서 자주 관찰되며, 밭에서도 먹이활동을 한다.

흰뺨오리 관심대상-감소

학명(Bucephala clangula), 영명(Common Goldeneye)
겨울철에 제주도 바다에서 단독적으로 먹이 활동하거나 작은 무리를 이루어서 잠수하며 먹이활동 하는 모습을 볼 수 있다. 오조 하수종말처리장과 시흥-종달 해안가, 성산일출봉 앞바다에서 주로 관찰된다.

하도리
하도철새도래지
지미봉
다랑쉬오름
은월봉 두산봉
성산리
수산리
대수산봉
소수산봉
온평리
통오름
독자봉 신산리

수컷

암컷

하도리
하도철새도래지
지미봉
우도
다랑쉬오름
은월봉
두산봉
성산리
수산리
대수산봉
소수산봉
온평리
통오름
독자봉
신산리

흰이마기러기 멸종위기야생동물 2급, 취약-감소

학명(Anser erythropus), 영명(Lesser White-fronted Goose)

쇠기러기무리에 섞여서 한두 마리가 제주를 찾아온다. 하도 철새도래지 갈대밭 근처 땅에서 큰기러기들이 먹이활동을 할 때, 그 옆에 섞여 같이 먹이활동 하는 것을 볼 수 있었다.

흰죽지 관심대상 -감소

학명(Pochard), 영명(Aythya ferina)

겨울철 성산 앞바다와 오조 하수종말처리장에 특히 많이 머무는 겨울 철
새이다. 종종 큰흰죽지가 섞여 있기도 하고, 청둥오리나 알락오리 같은
수면성 오리와 다르게 깊이 잠수해서 먹이활동을 하는 잠수형 오리이다.
수컷의 경우 붉은 머리와 흰 몸, 검은 가슴과 꼬리를 가지고 있는 것에 반
해, 암컷은 갈색 머리와 흰 몸통을 가지고 있다.

하도리
하도철새도래지
지미봉
다랑쉬오름
은월봉　두산봉
성산리
수산리
대수산봉
소수산봉
온평리
통오름
독자봉　신산리

흰줄박이오리

학명(Histrionicus histrionicus), 영명(Harlequin Duck)
간혹 제주도 바닷가에서 관찰되는 겨울 철새이다. 바위와 유사한 색을 가지고 있어서 바위 위에 앉아 휴식하는 개체를 관찰할 때는 신경 써야 한다. 또한 경계심이 많아 가까이 접근하면 날아가 버리거나 잠수해서 도망가 버린다.

하도리
하도철새도래지
지미봉
다랑쉬오름
은월봉   두산봉
성산리
수산리
대수산봉
소수산봉
온평리
통오름
독자봉   신산리

흰털발제비

학명(Delichon dasypus), 영명(Asian House Martin)
바람이 많이 부는 가을날 섭지코지 상공을 비행하는 1개체를 관찰했다. 다른 제비 무리와 함께 비행하고 있었으며, 먹이활동 중인 것으로 보였다.

하도리
우
하도철새도래지
지미봉
다랑쉬오름
은월봉   두산봉
성산리
수산리
대수산봉
소수산봉
온평리
통오름
독자봉   신산리

‘2부 성산의 새’를 이루고 있는 120종에 대한 새 소개
는 물론, 모든 사진 자료 역시 생이친구 김예원 씨의 작
품입니다. 그동안 곁에서 직접 관찰한 새들은 더욱 다
양하나, 미처 남긴 기록이 없어 책에 소개되지 못한 생
이들도 있습니다. 그동안 만나고 기록한 새들을 이렇
게 선보일 수 있어 기쁩니다. 김예원 씨의 활동을 응원
하며, ‘성산의 새’를 마칩니다.

©김하영

제주제2공항 반대투쟁 일지

▲2014년 10월~2015년 11월 - 국토부, 제주공항 인프라 확충을 위한 사전타당성 조사 용역

▲2015년 11월 10일 - 제주공항 사전타당성 조사 용역 결과 최종보고회, 성산지역 제주제2공항 건설 방안 발표

▲2016년 1월 7일 - 제주공항 인프라 확충 사전 타당성 용역 주민설명회 파행, 가칭 성산읍 제2공항 반대위원회 구성

▲2016년 7월 25일 - '제주제2공항 성산읍 반대대책위원회' 공식 출범, 신산리·난산리·수산1리 마을별 대책위 통합

▲2016년 12월 30일 - 제주도, 제주제2공항 주변 발전 기본구상 용역 착수

▲2017년 3월 9일 - 정경두 공군참모총장, 남부탐색구조부대 창설 발언 제주제2공항 등 4개 후보지 검토 언급

▲2017년 7월 20일 - 제2공항 건설 동굴 등 현황조사 및 전략환경영향평가 용역 착수

▲2017년 10월 10일 제2공항 반대대책위 김경배부위원장 무기한 단식농성 시작

▲2017년 11월 제주제2공항 반대 범도민행동 출범

▲2017년 11월 제주도-성산읍 반대책위원회 제2공항 입지 사전타당성 용역 검증 합의

▲2018년 9월 제주제2공항 입지 선정 타당성 재조사 검토위원회 활동 시작.

▲2018년 12월 13일 제2공항 타당성 재조사 검토위 파행 종료

▲2018년 12월 19일 도청앞 천막농성/ 김경배 부위원장 2차 무기한 단식농성시작

▲2019년 1월 7일 제주도, 단식농성중인 도청앞 천막 강제철거, 반작용으로 대규모 천막촌 형성

▲2019년 2월 14일 '제주제2공항 입지 선정 타당성 재조사 및 기본 계획 도민 설명회'파행- 성산일출봉 농협 대회의실

▲2019년 4월17일~6월17일 - 제2공항 타당성 재조사 검토위원회 재개, 10차~14차 회의 개최. 권고안 채택 무산

▲2019년 8월 반대단체 통합한 제주제2공항 강행저지 비상도민회의 출범

▲ 2019년 8월 1일 성산환경을 지키는 사람들 1차 전문가조사 결과 발표

▲2019년 9월 23일 국토부 전략환경영향평가서 본안 환경부 제출

▲2019년 10월 31일 환경부, 국토부에 전략환경영향평가서 보완 요청

▲2019년 11월 7일 제주제2공항 백지화 전국행동 출범

▲ 2019년 11월 제주제2공항 강행저지 비상도민회의 강화문 천막농성 및 박찬식 상황실장 단식농성

▲2019년 11월 15일 - 제주도의회 '제주제2공항 갈등해소를 위한 도민 공론화 지원 특별위원회' 구성

▲2019년 12월 3일 - 국토부, 전략환경영향평가서 재보완서 제출

▲2019년 12월 19일 - 환경부, 전략환경영향평가 재보완 요청

▲2019년 12월06일, 11일 제주도의회 제2공항 갈등해소특위 도민의견 수렴 방안 모색 전문가 워크숍

▲2020년 1월 제주도·도의회, 제2공항 갈등해소를 위한 토론회 개최 등 4개항 합의

▲2020,1,18-20 성산환경을지키는 사람들/ 전문가와 함께하는 2차 전문가 전수조사/주용기 연구원, 김예원

▲2020,2,20-21 성산환경을지키는 사람들/ 전문가와 함께하는 3차 조류 조사/주용기 연구원, 나일무어스박사, 김예원

▲2020년5월 8일-9일 성산환경을지키는 사람들/ 전문가와 함께하는 4차 조류 조사/주용기 연구원, 나일무어스박사, 김예원

▲2020년 6월 12일 - 환경부, 전략환경영향평가 추가보완 요청

▲2020년 7월 2일~24일 - 제2공항 공개 연속토론회 4차례 개최

▲2020년 10월19~20일 현 제주공항 확장 가능성 심층 토론회

▲2020년 12월 11일 - 제주도·제주도의회 제주제2공항 도민 여론조사 합의

▲2021년 1월 11일 제주도·도의회갈등해소특위, 안심번호 문제로 언론사나 제3의 기관에 여론조사 요청키로 합의

▲2021년 1월 13일 국토부, 도민 의견수렴 결과 제출하면 정책결정에 충실히 반영키로

▲2021년 1월~2월 제주제2공항 강행저지 비상도민회의 제주일주 삼보일배로 제주도민에 호소

▲2021년 2월 15일~17일 - 제주제2공항 도민 여론조사 시행(도내 9개 언론사 컨소시엄)

▲2021년 2월 18일 - 제주제2공항 도민 여론조사 결과 발표(엠브레인퍼블릭- 찬성 43.8%, 반대 51.1% 한국갤럽- 찬성 44.1%, 반대 47%)

▲2021년 2월 원희룡 전 제주도지사 도민여론조사 결과 불복, 다른 해석 하며 강행 의사

▲2021년 6월 11일 - 국토부, 전략환경영향평가 재보완서 제출

▲2021년 7월 20일 - 환경부, 제주제2공항 전략환경영향평가 반려 결정

▲2022년 3월 대통령선거에서 윤석열 국민의힘 후보 제2공항 재추진 공약, 대통령 당선/ 원희룡 전제 주지사 국토부장관 선임

▲ 2022년 6월 국토부 수의계약 용역 통해 제주제2공항 전략환경영향평가 보완 가능하다고 발표

▲ 2023년 1월 6일 국토부 전략환경영향평가 환경부에 제출

▲ 2023년 3월 6 환경부 전략환경영향평가 조건부 승인, 시민단체 주민들 반발

성산의 법정보호종과 관심대상종 목록표

1	개구리매	천연기념물 323-3호, 멸종위기 야생동물 2급	사진자료
2	개꿩	관심대상(감소)	성산해안 사진자료
3	검독수리	천연기념물 243-2호, 멸종위기야생동물 2급	오름 등 사진자료
4	검은머리갈매기	멸종위기야생동물 2급	성산해안 사진자료
5	검은머리물떼새	천연기념물 326호, 멸종위기 야생동물 2급	성산해안 사진자료
6	검은머리흰죽지	관심대상	성산해안 사진자료
7	검은목논병아리	관심대상	성산해안 사진자료
8	고방오리	관심대상(감소)	성산해안 사진자료
9	귀뿔논병아리	관심대상(감소)	성산해안 사진자료
10	긴꼬리딱새	준위협(감소) 멸종위기종 2급	오름 등 사진자료
11	깍도요	관심대상-감소	성산해안 사진자료
12	꼬마물떼새	관심대상	성산해안 사진자료
13	노랑부리백로	국제적 멸종위기종, 천연기념물 361호, 멸종위기야생동물 1급	성산해안 사진자료
14	노랑부리저어새	천연기념물 205-2호, 멸종위기야생동물 1급	성산해안 사진자료
15	논병아리	관심대상(감소)	성산해안 사진자료
16	덤불해오라기	관심대상	오름/습지 사진자료
17	독수리	천연기념물 243-1호, 멸종위기야생동물 2급	오름 사진자료
18	두견이	천연기념물 447호	오름 등 사진자료
19	때까치	관심대상(감소)	성산해안/오름 사진자료
20	마도요	준위협-감소	성산해안 사진자료
21	말똥가리	멸종위기야생동물 2급	오름 등 사진자료
22	매	천연기념물 323-7호, 멸종위기야생동물 1급	오름, 해안 등 사진
23	메추라기도요	관심대상	성산해안 사진자료
24	멧새	관심대상	오름 사진자료
25	물수리	멸종위기야생동물 2급	성산해안 사진자료
26	민물가마우지	관심대상	성산해안 사진자료
27	붉은부리갈매기	관심대상(감소)	성산해안 사진자료
28	붉은어깨도요	위기-감소	성산해안 사진자료
29	붉은어깨도요	멸종위기야생동물 2급	성산해안 사진자료
30	뿔쇠오리	천연기념물 450호, 멸종위기야생동물 2급	성산해안 사진자료
31	새매	천연기념물 323-4호	오름 등 사진자료
32	새호리기	멸종위기 야생동물 2급	사진자료
33	소쩍새	천연기념물 324-6호	소리, 관찰
34	쇠가마우지	관심대상(감소)	성산해안 사진자료
35	쇠가마우지	천연기념물 323-4호, 관심대상(감소)	성산해안 사진자료
36	알락개구리매	천연기념물 323-5호, 멸종위기 야생동물 2급	갈대밭, 관찰
37	왕눈물떼새	관심대상	성산해안 사진자료
38	원앙	천연기념물 327호	성산해안 사진자료
39	잿빛개구리매	천연기념물 323-6호, 멸종위기야생동물 2급	성산 갈대밭 사진자료
40	저어새	천연기념물 205-1호, 멸종위기야생동물 1급	성산해안 사진자료
41	줄기러기	관심대상-감소	성산해안 사진자료
42	중부리도요	관심대상(감소)	성산해안 사진자료
43	청머리오리	준위협-감소	성산해안 사진자료
44	초원수리	국제적 멸종위기종	사진자료
45	칡때까치	관심대상(감소)	오름 사진자료
46	큰고니	천연기념물 201-2호, 멸종위기 야생동물 2급	성산해안 사진자료
47	큰기러기	멸종위기야생동물 2급	성산해안 사진자료
48	큰말똥가리	멸종위기야생동물 2급	오름 등 사진자료
49	큰회색머리아비	관심대상(감소)	성산해안 사진자료
50	큰흰죽지	관심대상(감소)	성산해안 사진자료
51	팔색조	멸종위기 야생동물 2급,	관찰, 소리녹음
52	항라머리검독수리	멸종위기야생동물 2급	사진
53	황새	천연기념물 199호, 멸종위기야생동물 1급	성산해안 사진자료
54	황조롱이	천연기념물 328-8호	오름 등 사진자료
55	흑두루미	천연기념물 228호, 국제보호종	사진자료
56	흰날개해오라기	관심대상	오름/습지 사진자료
57	흰뺨오리	관심대상(감소)	성산해안 사진자료
58	흰이마기러기	멸종위기야생동물 2급	성산해안 사진자료

사진기록

김수오

▲제주 들판에서 망아지와 교감하는 김수오 작가

제주의 치열한 현장에는 언제나 김수오 작가가 있었다. 제주를 지키기 위한 현장마다 함께하며 생생히 기록해 준 그의 자료 덕분에 「제주, 그대로가 아름다워」는 더욱 풍성해질 수 있었다.

제주의 아픔과 희망 카메라로 품다

성산의 아름다운 풍광과 마을 분들의 눈물겨운 시간을 성실히 기록해 준 김수오 사진작가를 소개한다.

전자공학을 전공하고 연구원으로 수년간 근무하던 중, 자연의 이치대로 몸과 마음의 건강을 돌보는 한의학에 매료되었다. 서른즈음에 한의학을 공부해 한의사로서의 인생 2막을 시작했다. 2012년 고향 제주로 한의원을 옮긴 후, 해군기지 공사 강행을 막다가 다친 강정마을 주민들을 치료하러 저녁이면 한라산을 넘어 강정마을을 오갔다. 사계절 내내 한라산과 중산간 어둠을 오가며 접하던 제주의 아름다운 야경에 매료되어 본격적으로 카메라를 들게 되었다.

김수오 작가의 사진에는 깊은 어둠 속 한라산 자락 너른 들판과 오름의 달빛 풍광이 담긴다.

사람과 자연을 잇는 사진작가

제주의 자연과 가치를 지키려는 현장마다 카메라를 든 김수오 작가의 모습을 볼 수 있다. 십 년여의 세월 동안 다양한 현장의 기록을 남기다 보니, 사람들은 그를 제주 현장 기록 전속작가라 부른다.

평일 낮에는 한의사로 진료하고, 저녁이나 주말에는 사진작가로 활동하며, 오늘도 제주의 아픔과 사라져 가는 제주의 모습을 렌즈에 담는 김수오 작가에게 감사의 마음을 전한다.

이 새들을 모두 쫓아내고

숨골을 막아야

지을 수 있는 제2공항

무엇을 위한 공항인가요?

마무리하며

제주제2공항 7년간 참 많은 일이 있었네요.

사람의 과도한 욕심이 우리 모두를 얼마나 황폐하게 만드는지, 국가권력이 견제 기능을 잃고 잘못된 방향으로 직진할 때 어떤 일이 일어나는지 많은 일을 겪으면서 확인했습니다. 지역이 지켜야 할 소중한 자산이 무엇인지 돌아보며 많은 것을 느꼈습니다.

도민의 반대와 우려에도 불구하고 국토부가 무리하게 추진을 강행하고 환경부마저 무책임하게 동의하면서 급한 마음에 서둘러 책을 발간 하게 됐습니다. 조금이라도 많은 분께 제2공항에 대한 숨겨진 진실과 성산의 환경을 알리고 난개발을 막고 싶은 마음에 준비가 덜 됐지만 욕심을 냈어요.

예원 씨, 딸 민주와 함께 책 작업을 준비한 몇 개월간 행복했어요. 멋진 새 사진들을 보며 눈이 호강한 시간이었고 같이 청춘 시절로 돌아간 기분을 느꼈으니까요. 꼼꼼한 교정과 감수를 해주신 임현주 선배님, 박찬식 님, 멋진 사진을 제공해주신 사진작가 김수오 님께 감사드립니다.

또한 난개발, 제2공항 강행의 문제점에 공감해 주시고 펀딩, 후원해 주신 모든 분께 감사의 인사 올립니다. 부디 인간의 욕심으로 자연에 큰 죄를 짓는 과오가 되풀이되는 일 없기를 바라며 글을 마칩니다.

김광종

뉴스에서는 비가 올 때 날이 좋지 않다고 표현합니다. 숲 생명들에게는 오랜만에 목도 축이고, 비자림로 공사가 멈춰지는 날 인데요. 하늘이 뿌려주는 생명의 순간이지만, 인간은 포크레인을 움직이지 못해 답답해하지요. 성산의 부동산 가게를 지나는 송골매는 45억 년 지구 생에 스치듯 자리 잡은 인간이 종이서류 몇 장 주고받으며 땅을 사고 파는 모습에 코웃음을 칠 거예요.

다시 문명 이전으로 돌아가고 싶은 거냐고요? 아니요. 더 충만해지고 싶은 거예요. 조금만 둘러보아도 신기한 것 투성이인걸요. 한 달에 두 번씩 차고 기우는 달을 구경하는 것도 신기하지요. 그 달에는 당기는 힘이 있어서 어느 날은 바닷물이 많이 빠지고, 어느 날은 많이 차오른대요. 그렇게 들고 나는 바닷물 덕분에 작은 생태계가 유지되는 조수웅덩이가 있어요. 그 웅덩이 안에서도 다양한 종들이 뒤엉켜 하나의 생태계를 이룬답니다.

코로나바이러스, 기후 위기는 인간을 위태롭게 합니다. 마치 피라미드 꼭대기에서 이 모든 것을 컨트롤할 수 있다는 듯이 군림했던 인간의 과거가 흔들리고 있으니까요. 뾰족한 꼭대기에서 중심 잡고 있었던 것이 이제는 위태롭다고 느껴요. 내려가 순환고리의 일부가 될 수 있다면, 내가 이 아름다운 제주 자연의 일부라는 것을 느낄 수 있다면 충만할 것 같아요. '부자'가 되어서 하고 싶은 것이 천혜의 자연을 느끼는 것이라면, 이미 우리는 부자라고 할 수 있어요.

살아갈 이 땅을 지키고, 부조리에 맞서며 오늘도 곳곳에서 투쟁이 이어지고 있어요. 너무 피 흘리지 않기를, 정의로운 결과가 있기를 바랍니다. 이 책이 나올 수 있도록 함께 해주신 분께 감사드립니다.

이제 전반전 지나 후반전이라는 말이 다소 절망적이기도 합니다만, 힘내야지요. 이제 다시 시작입니다.

김민주

종종 저에게 "그래서 새가 왜 중요해요? 새 몇 마리가 사라진다고 해서 큰일이 나나요?"라고, 질문해주시는 분들이 있어요. 그럴 때는 새가 사라진 섬의 이야기를 들려 드리곤 해요. 화물선 짐에 섞여 들어온 외래종 뱀이 새알을 계속 먹어치우는 바람에 텃새도 사라지고 철새도 찾지 않게 된 섬이 있어요. 먹이사슬이 깨진 괌의 그 섬은 걷잡을 수 없는 속도로 곤충들이 불어났어요. 숲을 날아다니던 새들이 사라지니 거미들이 나무 꼭대기까지 거미줄을 쳤고, 사람들은 그렇게 변해버린 '거미 숲'을 지나다닐 수 없었어요. 뒤늦게 사람들은 벌레잡이 통을 설치하고, 살충제를 살포하며 막아보았지만 경제적으로도 시간적으로도 큰 손실이었고, 회복 불가능해졌죠. 떠나버린 새들은 쉽게 돌아오지 않았으니까요. 맞아요. 아주 오랜 시간이 지나서야 어쩌면 찾아올 수도 있고 혹은 완전히 돌아오지 않을 수도 있어요. 괌의 정부와 주민들은 너나 할 것 없이 나서서 뱀을 잡기 위해 노력하고, 사라져가는 새들을 보호하며 숲을 다시 가꿔나가기 시작했어요. 특히 어린 학생들에게 사라져 버린 괌 새들의 흔적을 보여주며 "너희들이 어른이 되어 살아갈 세상에는 꼭 이 새들이 다시 찾아오게 할 거야."라고, 다짐하기도 했죠. 40년이 지난 지금, 괌에서는 사라졌던 괌뜸부기가 다시 숲에서 살아가기 시작했어요. 이것이 우리에게 교훈을 주는 거미섬의 이야기예요.

우리는 왜 잃고 나서야 잃어버린 것의 소중함을 깨닫게 되는 걸까요. 무언가를 부수는 것은 빠르고 쉬우며 돈으로 되는 일이에요. 하지만 그것이 완전히 망가지고 나서는 아무리 많은 돈을 쏟아부어도 예전 모습으로는 복구가 불가능해져요. 우리는 제주도가 그렇게 되는 것을 원하지 않아요.

이제껏 함께해 왔고 앞으로도 공존할 새와 새들이 찾아올 이곳 '제주'를 우리는 끊임없이 바라보고 또 함께 살아가며 지켜나갈 것이에요.

생명이 있는 것을 가슴 벅차게 사랑할 수 있다는 것은 큰 행복이에요. 그리고 그 길을 함께 가는 사람들이 있다는 것은 엄청난 기쁨이고 아름다운 일이에요.

이 책을 준비하며 도움받은 모든 분과 이 이야기를 함께 만들어 가는 모든 생이친구들에게 감사해요.

김예원

후원해 주신 분들

강수빈 강하은 강한방울 구도완 국 산 권기범 권다은 그린씨
김경용 김교왕 김덕화 김명규 김보람 김수오 김신영 김영국
김영준 김영호(가타리나) 김예환 김주영 김지휴 김진규 김진숙
깡story 노시원 류기현 물도깨비 미나 바다는기다란섬 박병욱
박용권 박윤미 박진우 박 하 박현수 백영경 서서희 신기하
신필식 신화섭 아정신 영준·준석형제 오세영 오은주 오창현
와와 용호동용호태권도 우인정 원 영 유미연 유해리 윤미정
윤혜진 은주·태영 이기호 이동진(안녕형제섬) 이동훈 이상현
이양심 이용준 이원일 이인혜 이정민 이준철 이태경 임명희
임현주 임형묵 전영선 정미정 정송미 정원신 조두극 조 은
집 사 채 린 천승희 최용석 최하니 최혜영 카카오패밀리콩장
허은실 허 일 홍민아 홍주연 황민경 황한나 soso

감사합니다

제주, 그대로가 아름다워

멈춰야 한다, 이 섬이 살려면

펴낸날 2023년 5월 20일

지은이 김광종, 김민주, 김예원

편집 김민주

사진 김수오, 김예원

펴낸곳 도서출판 파주에서

주소 경기도 파주시 아동로 22 장안미래상가 201호

이메일 atpaju@hanmail.net

등록번호 406-2017-000139

인쇄소 영신사

주소 경기도 파주시 재두루미길 190

ISBN 979-11-962288-2-8